Construire une histoire

Pour le cinéma, la littérature,
le théâtre et le *storytelling*

Luc Deborde

Construire une histoire

Pour le cinéma, la littérature,
le théâtre et le *storytelling*

1. Le terrier du lapin blanc

Comment construit-on une bonne histoire? Comment en faire autre chose qu'un collier de jolies phrases?[1] Quels sont les éléments indispensables qu'il faut y placer pour qu'elle captive le spectateur ou le lecteur, qu'elle remue ses émotions et ses idées, et le laisse ensuite sur un sentiment de chaleur qui lui donne envie d'en parler autour de lui?

En quoi les bonnes histoires diffèrent-elles de récits ordinaires? Pourquoi nous fascinent-elles? Est-il possible d'en démonter la mécanique et de déterminer un schéma général qui pourrait s'appliquer à l'ensemble des contes, fables, films, romans et pièces de théâtre que l'humanité invente, se raconte et se représente depuis la nuit des temps?

Ces questions difficiles sont pourtant essentielles pour tout auteur, dramaturge ou scénariste. Car, en tentant d'y répondre, on entre dans les coulisses des œuvres fictionnelles comme Alice dans le terrier du lapin blanc[2], on trouve une clé permettant de les comparer, de les aligner sur un axe commun et d'en examiner les rouages pour les comprendre et les reproduire. Un tel schéma représente également une grille de lecture pour l'analyse critique, sans compter qu'il nous révèle à nous-mêmes, en dévoilant la façon dont nous interprétons nos vies et les événements qui les construisent.

---

1   L'expression «collier de jolies phrases» est empruntée à Bernard Werber, cité sur bernardwerber.com : «Beaucoup de romanciers, surtout en France, font du joli pour le joli. Ils enfilent les phrases tarabiscotées avec des mots de vocabulaire qu'il faut chercher dans le dictionnaire comme on enfile des perles pour faire un collier. Cela fait juste un tas de jolies phrases. Pas une histoire.»

2   Dans *Alice au pays des merveilles*, de Lewis Caroll.

Comme pour contredire la boutade de Somerset Maugham, d'innombrables philosophes, chercheurs et critiques littéraires ont tenté des analyses comparatives d'œuvres fictionnelles, afin d'en faire émerger la structure. Il y a 2 300 ans, dans sa *Poétique*, Aristote discutait déjà des éléments clés du drame, y compris l'intrigue, le caractère et le dénouement. Au 19ᵉ siècle, le franco-américain Georges Polti énumérait *36 situations dramatiques* dans les créations théâtrales, alors que Gustav Freytag[3] proposait un modèle général en cinq actes qui formeraient le tronc commun de toutes les histoires. Plus récemment, Joseph Campbell[4] identifie la forme du *Monomythe*, partagée par l'ensemble des mythes et légendes qui parcourent la planète, tandis que Vladimir Propp établit une *Morphologie du conte* en comparant les récits et chants épiques issus du folklore russe, et que Christopher Vogler, entre autres, élargit les théories de Campbell à l'écriture de romans.

Avec le développement du cinéma et de l'industrie hollywoodienne, les contraintes particulières à l'élaboration d'un scénario incitent beaucoup d'autres théoriciens à reprendre le flambeau, dans le but de généraliser les travaux précédents pour les appliquer aux créations modernes.

---

3   Gustav Freytag : dramaturge allemand du 19ᵉ siècle et inventeur de la « pyramide de Freytag » dont je reparlerai plus loin.

4   Joseph Campbell : auteur *Le Héros aux mille et un visages*, un essai de mythologie comparée. Campbell y propose un schéma narratif archétypique, celui du voyage du héros, qu'il dégage de l'étude de différentes mythologies. Le résumé de ce schéma figure en annexe.

 1. Le terrier du lapin blanc

Le réalisateur britannique Alfred Hitchcock[5] se passionne pour les techniques narratives et suspensives, tandis que Robert McKee, Syd Field[6] et des centaines d'autres explorent la construction des scènes, des personnages et des dialogues.

Bien que ces diverses approches puissent parfois sembler contradictoires, elles sont surtout complémentaires. Gustav Freytag place l'existence d'une **confrontation** au centre de toute histoire ; Joseph Campbell y décèle un **passage de l'innocence à l'expérience** ; Pour Christopher Booker, une bonne histoire doit s'organiser en trois actes avec un **point de non-retour** entre les deux premiers ; Et pour Kenneth Burke, elle doit se construire autour des **enjeux** qu'elle évoque.

Si les Américains sont passés maîtres dans l'art de vulgariser ces analyses, les Européens, longtemps prisonniers d'une vision romantique de l'écriture et d'une obsession pour le style, n'en sont souvent sortis que par une démarche universitaire.

En France, Roland Barthes[7], Tzvetan Todorov[8], Julien Greimas[9], Gérard Genette[10] et François Ricard font partie des chercheurs qui ont proposé des apports considérables à l'étude de la narration.

---

5   L'ouvrage *Hitchcock/Truffaut* retranscrit des entretiens entre Alfred Hitchcock et François Truffaut, un réalisateur et critique de cinéma français. Hitchcock y partage ses réflexions sur la mise en scène, la construction du suspense, l'utilisation de la caméra, et d'autres aspects de son approche cinématographique.

6   Syd Field : théoricien du cinéma, auteur de plusieurs ouvrages sur le sujet, le plus notable étant *Screenplay : The Foundations of Screenwriting*.

7   Voir la section qui lui est consacrée en annexe.

8   Tzvetan Todorov est un critique littéraire, sémiologue, historien des idées et essayiste français d'origine bulgare. Il est notamment l'auteur de *Poétique de la prose*.

9   Dans *Sémiotique narrative et textuelle*, Greimas introduit le célèbre « modèle actanciel », qui analyse les relations entre les actants dans un récit. Ce schéma est exposé dans l'annexe du présent ouvrage.

10 Voir en annexe.

Il est trop rare que leurs travaux soient synthétisés et reformulés pour en faciliter l'approche par le grand public, même si Yves Lavandier[11], Lionel Davoust[12], Ludovic Bablon[13] ou Julien Hirt[14], par exemple, s'y sont essayés.

Le besoin est pourtant là, car la vision développée par l'Amérique du Nord est très loin d'être universelle. Tous les films, pièces et romans produits de par le monde n'entrent pas dans la grille d'analyse hollywoodienne qui s'est surtout spécialisée dans les histoires basées sur l'action, à travers des genres très marqués. Les auteurs des autres cultures s'attachent plus souvent à l'absurde, au réalisme et au réalisme fantastique, par exemple, dont les codes sont peu étudiés et rarement vulgarisés.

En tant qu'éditeur, je ne pouvais pas échapper à une réflexion sur ces sujets. Les auteurs qui envoient leurs manuscrits aux maisons d'édition n'ont pas toujours conscience de la façon dont les choses se passent de l'autre côté : la principale activité d'un éditeur consiste à refuser les textes qui lui sont proposés. Quand il travaille dans une petite maison comme la mienne, au sein d'une équipe réduite à sa plus simple expression, cette tâche ingrate occupe la majeure partie de son temps. Dans les périodes où elles acceptent les soumissions, les éditions Humanis qui sont pourtant minuscules reçoivent entre dix et vingt propositions par jour (y compris pendant les week-ends et les jours fériés), alors que notre capacité de production est inférieure à dix ouvrages par an. En comptant bien, si nous laissions les vannes grandes ouvertes en permanence,

---

11   Yves Lavandier est un scénariste et réalisateur français, auteur de *La Dramaturgie : l'art du récit* et *Construire un récit*.

12   *Comment écrire de la fiction ?*, de Lionel Davoust, compile une série de conseils à l'adresse des écrivains débutants.

13   Ludovic Bablon anime *STORY&DRAMA*, un blog consacré à l'analyse et à l'écriture de scénarios.

14   Julien Hirt anime le blog *Le Fictiologue* qui présente des réflexions passionnantes et très accessibles sur l'écriture. Il sera plusieurs fois cité dans le présent ouvrage.

nous devrions refuser 5 465 manuscrits par an (et même un peu plus, lors des années bissextiles).

Au fond, mon travail ressemble beaucoup à celui d'un critique littéraire : je dois décider si les textes que j'examine « valent le coup », ce qui revient – entre autres choses – à juger de leur qualité narrative. Mais comment juger de cette qualité ? Sur quelle base, si je ne veux pas me reposer sur ma seule subjectivité ? C'est cette question qui a inévitablement fait naître celles qui figurent au début de cette introduction : qu'est-ce qu'une bonne histoire ? Peut-on identifier des critères qui la caractérisent ? Et peut-on, lorsqu'on exerce son activité en Europe, se fier entièrement aux grilles d'analyse nord-américaines, si fortement imprégnées par la culture d'Hollywood ?

Ces grilles, pour de multiples raisons, sont très loin de manquer d'intérêt. Il faudrait être aveugle pour ne pas remarquer leur influence sur les autres formes de production artistique, partout dans le monde. Le découpage parallèle, par exemple, qui propose au public plusieurs histoires se déroulant en simultanée au sein d'une trame générale, se retrouve de plus en plus souvent dans le roman contemporain. Cette structure existait bien avant l'invention du cinéma, mais c'est lui qui a rendu son emploi aussi fréquent.

Par ailleurs, la littérature américaine dominant aujourd'hui très largement le monde par son succès, il serait absurde de ne pas chercher à identifier ses points forts et ce qui lui donne ses attraits quitte à appliquer nos observations à d'autres formes d'écritures.

Le discours construit outre-Atlantique sur ces deux formes de fictions n'en demande pas moins une révision importante si l'on veut l'élargir aux productions des autres régions du monde et aux formes de créations que sont le théâtre et le *storytelling*.

Il se trouve qu'un éditeur ne fait pas que refuser des manuscrits. De temps à autre, dans les rares occasions où il en a le temps (quand il n'est pas occupé à travailler sur ceux qu'il a acceptés), il essaye d'expliquer pourquoi. Ou ce qu'il serait possible d'envisager (selon lui) pour améliorer l'histoire. Il arrive également qu'il s'implique dans la production culturelle par d'autres moyens, à travers des formations ou des ateliers d'écriture, par exemple. C'est ce dernier type d'activité qui m'a amené à ressentir le besoin poignant d'un document de synthèse (une méta-étude, dirait-on aujourd'hui), qui tenterait de réunir sous une forme simplifiée la somme considérable de réflexions qui s'est accumulée au fil des siècles sur la narration. Le projet est un peu fou, sans aucun doute, d'autant que je n'ai pas moi-même de formation universitaire. Je ne suis qu'un technicien qui essaye de trouver des solutions pratiques, alors que la construction d'une histoire est – par définition – un problème bien plus vaste que le monde. Mais on ne participe pas à une activité artistique sans être un peu fou.

Cette entreprise a commencé il y a plus d'une décennie, par l'écriture des pages publiées sur le site des éditions Humanis, dans le but de guider les auteurs et de leur expliquer les critères qui motivaient nos refus. Cette démarche m'a amené à regrouper, à généraliser et à organiser les arguments que je m'escrimais à développer aussi souvent que possible pour chacun des manuscrits que je rejetais (et que je rejette encore), ce qui, comme je l'ai déjà dit, représente un nombre considérable de textes. Pour l'essentiel, ce travail ne dérivait pas d'une réflexion théorique, mais des cas pratiques auxquels mon quotidien me confrontait.

Dans le même temps, j'élaborais ma propre version du schéma général des histoires, afin d'y placer les étapes qui font naître et voient se cristalliser la tension dramatique dans le récit. Au cours de la décennie suivante, avançant sans même m'en rendre compte dans les pas de Campbell et de Propp qui avaient certainement bien plus de rigueur que moi, j'ai mis mon modèle à l'épreuve des films, pièces, romans, opéras, comédies musicales et autres formes d'histoires que j'avais l'occasion d'apprécier (probablement plus d'un millier d'œuvres, au final), et je tentais de le consolider et de l'universaliser.

Ces aventures ont donné naissance aux pages qui vont suivre. Tout en étant bien conscient que ma synthèse est inévitablement orientée par ma propre vision, j'ai l'espoir qu'elle pourra s'avérer utile à tous ceux qui recherchent une représentation simple et généraliste de la construction narrative. Je pense bien sûr aux animateurs d'atelier d'écriture et aux formateurs en techniques d'écriture pour la littérature et le cinéma, mais aussi, par exemple, aux

1. Le terrier du lapin blanc

étudiants en écoles de marketing, de journalisme ou en sciences politiques, des domaines qui s'intéressent de plus en plus au principe du *storytelling*[15] dans la construction du discours.

Il y a quelques années, en entrant par curiosité dans une église de Calabre, j'ai été saisi d'une révélation qui, si elle n'avait rien de mystique, n'en était pas moins bouleversante. C'était une toute petite église de village, d'une simplicité touchante, dont la seule richesse était une série de tableaux illustrant les exploits des saints que toute l'Italie honore : San Francesco di Paola qui, selon la légende, aurait franchi la mer en chevauchant sa cape, San Rocco qui guérissait les malades en faisant le signe de la croix, San Fantin il Cavaliere qui a stoppé, par la force de sa foi, un éboulement menaçant de détruire un village, et d'autres personnages extraordinaires que j'ai pourtant oubliés, peut-être à cause du trouble que j'ai éprouvé sur le moment.

Bien que se voulant réaliste, le rendu de ces tableaux misait sur des couleurs vives, des effets de lumière spectaculaires, et même sur des hachures et des pleins et déliés qui les faisaient finalement ressembler à des vignettes des bandes dessinées de Marvel. J'ai compris que j'avais sous les yeux une galerie de superhéros. Leur apparence était semblable, leurs pouvoirs étaient comparables, mais, surtout, leur objectif était le même : ces représentations étaient destinées à apporter du réconfort et du courage à l'homme ordinaire. Il n'y avait aucun irrespect dans ma réflexion : de par le rôle qu'elles jouent pour nous, les histoires ont une dimension sacrée, quel que soit le cadre qui les accueille. Si j'étais croyant, je dirais que Dieu est partout.

À ce moment-là, je savais déjà que la seule fonction des histoires consiste à nous soigner du désespoir en donnant du sens à nos vies. Mais, cette fois, je l'ai constaté de mes propres yeux, et je suis sorti de cette église le cœur plein d'émotions.

---

15 Le *storytelling*, ou l'« art du récit » regroupe un ensemble de techniques narratives visant à transmettre des informations, des idées ou des émotions de manière engageante. Il s'adresse notamment aux domaines du marketing, de la communication, du cinéma, de la littérature et du journalisme.

2. La construction de l'histoire

En quoi une histoire diffère-t-elle d'un simple récit ?

Nos vies sont émaillées de petits récits tels que « Je suis allé faire les courses » ou « J'ai bien travaillé aujourd'hui », dont nous voyons bien qu'ils n'intéresseraient pas un large public parce qu'ils ne forment pas de véritables histoires. Tous les récits, en effet, ne sont pas des histoires et, chaque jour, des manuscrits et des scénarios sont refusés à travers le monde, faute de comporter une intrigue convaincante. Mais qu'est-ce qu'une intrigue convaincante ?

Le hasard et la nécessité[16]

Si les récits de vie ou d'épisodes de vie sont souvent ennuyeux pour ceux qu'ils n'impliquent pas, c'est probablement parce qu'ils manquent de sens.

Une vie ordinaire dépend beaucoup du hasard. Elle n'est qu'un empilement chaotique d'événements et d'anecdotes qui n'offrent pas de cohérence, et dont le seul lien consiste à avoir été vécus par une seule personne. Même si vous voulez témoigner d'un drame qui vous a frappé (inceste, viol, enfance malheureuse, perte d'un proche ou d'un parent, etc.), et peut-être surtout dans ce cas, vous devez vous préoccuper de la question du sens. En tant qu'éditeur, je reçois un nombre considérable de manuscrits de ce genre dont la plupart ne sont pas publiables

> « Il y a des gens qui s'imaginent que l'autobiographie est la voie royale qui mène à la grande littérature. Or, c'est faux. Parce que la vie de la plupart des gens est banale et ennuyante. C'est le cas de la mienne ; et soyez honnête, c'est le cas de la vôtre aussi. »
>
> Yves Meynard
> *Comment ne pas écrire des histoires.*
> Revue Solaris

---

16   *Le hasard et la nécessité* de Jacques Monod est un ouvrage qui explore l'évolution de la vie. Il soutient que la complexité biologique émerge de processus purement aléatoires, sans nécessité ni plan préétabli.

parce qu'ils ne bénéficient pas du recul nécessaire pour interpeller le public. Il m'est évidemment très difficile d'expliquer aux auteurs que témoigner ne suffit pas, aussi cruel et injuste que cela puisse leur sembler. Il faut du sens.

Tout le monde traverse des malheurs. Bien sûr, ils n'ont pas tous la même importance ! Bien sûr, ils n'ont pas tous les mêmes conséquences ! Mais le malheur est une composante universelle et fondamentale de nos vies. Il est, hélas, banal dans son principe. Pour que son récit soit en mesure d'émouvoir, il doit prendre, d'une façon ou d'une autre, la forme d'une histoire. Il doit avoir du sens.

Hélas, quand nous essayons de trouver un ordre dans nos vies, nous sommes nombreux à conclure comme Tolstoï : « La seule connaissance absolue accessible à l'homme est que la vie n'a pas de sens. »

Si la vie n'a pas de sens, qu'est-ce qui nous empêche de lui en inventer un ? Il me semble que c'est l'idée qui nous guide quand nous abordons une histoire : nous exigeons qu'elle nous propose un sujet ou des pistes de réflexion pouvant aboutir à l'émergence d'un sens[17]. Pour présenter les choses autrement et alléger l'atmosphère avec un peu d'humour : l'annuaire téléphonique et bourré de personnages, mais il manque une intrigue pour en faire une bonne histoire.

C'est la causalité, d'une façon très générale, qui fait sens pour l'homme. Lorsque nous parvenons à décider que tel événement est à l'origine de tel autre, notre esprit trouve la paix. Si l'on cherche à caractériser ce qui distingue une histoire d'un récit ordinaire, c'est que le hasard n'y a que peu de place, ou alors, il fait l'objet d'une interprétation qui lui attribue un sens. C'est

> « Toute bonne histoire organique comporte un seul enchaînement de causes à effet : A entraîne B, qui entraîne C, et ainsi de suite jusqu'à Z. C'est l'épine dorsale de votre histoire.
> Si vous n'avez pas d'épine dorsale, ou qu'au contraire vous en avez un trop grand nombre, votre récit s'effondrera. »
>
> John Truby
> *– Anatomie du scénario*

---

17   En admettant que la proposition « La vie n'a pas de sens », qui a guidé la construction de nombreuses histoires, est elle-même pourvue d'un sens profond, puisqu'elle amène le destinataire de l'histoire à réfléchir à la question existentielle.

2. La construction de l'histoire

pourquoi, à moins d'avoir choisi l'absurde comme thème principal de son œuvre, il est dangereux d'y injecter trop de coïncidences. Dans une histoire, chaque cause produit un effet et chaque effet résulte d'une cause. Tout se tient et tout s'explique, d'une façon ou d'une autre.

La nécessité du sens

« De quoi ça parle ? » « Qu'est-ce que ça dit ? » sont des questions que l'auteur d'une œuvre de fiction ne peut esquiver. Il devra y répondre lorsqu'il contactera des éditeurs ou des producteurs pour diffuser son travail, et il aura bien plus de chances d'être retenu s'il propose un sujet universel et porteur de sens, tel que « ça parle de la difficulté d'affronter son passé », plutôt que « c'est l'histoire d'une fille qui est allergique aux cacahuètes ».

À la fin, il ne peut y en avoir qu'un[18]

Une histoire peut aborder plusieurs thèmes et nous poser plusieurs questions au fil de son déroulement. Pour qu'elle ait un sens fort, elle doit cependant se diriger vers une **conclusion principale**.

> « Qui trop embrasse, mal étreint »
> Proverbe populaire

Dans les fables ou les contes, la conclusion prend généralement la forme d'un jugement (une morale) tel que « On a souvent besoin d'un plus petit que soi[19]. » Dans le cinéma, le théâtre et la littérature d'aujourd'hui, il est rare que la « morale » de l'histoire soit énoncée explicitement ; la tendance contemporaine consiste à laisser le spectateur/lecteur se la construire lui-même, à partir des éléments

---

18   Phrase emblématique de la franchise *Highlander* où elle illustre la lutte implacable entre des êtres immortels pour obtenir la suprématie.

19   Morale de la fable *Le lion et le rat,* de Jean de La Fontaine.

exposés. Elle n'en est pas moins indispensable. Quand le public ne parvient pas à l'identifier ou à la déduire, il estime que l'histoire est brouillonne et frustrante. À la toute fin, le héros peut très bien se retrouver avec la même question qu'au début, sans y avoir jamais répondu. Mais il faut que l'histoire elle-même y réponde, par tout ce qu'elle comporte, ou qu'elle permette au moins au public d'y répondre à sa façon. Plus l'histoire restera centrée sur son sujet, plus elle l'alimentera par des pistes de réflexion convergentes et/ou contradictoires, et plus elle aura du sens pour ses destinataires.

L'un des écueils à éviter consiste en effet à multiplier les thèmes, les questions et les divers sens qui sont attribuables au récit. Si des thèmes variés nourrissent un thème principal en dévoilant plusieurs de ses facettes, la démarche est cohérente. Mais s'ils ne sont pas liés d'une façon naturelle, ils risquent d'annuler mutuellement leurs potentiels et d'aboutir à un sens faible.

Le sens principal doit profondément imprégner la totalité de l'histoire

Dans la majorité des cas, le sens n'émerge qu'à la fin de l'histoire, lorsque tous les fils en sont dénoués. Pourtant, dans les fables de La Fontaine, la morale est souvent placée dans les premiers vers. *Le loup et l'agneau*, par exemple, commence par « La raison du plus fort est toujours la meilleure, nous l'allons montrer tout à l'heure », et tout ce qui suit n'en est qu'une démonstration. À vrai dire, de nombreuses histoires défient l'ordre chronologique. Le film *Memento*, de Christopher Nolan, est un exemple frappant de construction non linéaire : il se compose de deux séquences alternatives qui se déroulent en sens inverse. L'une d'elles est présentée en noir et blanc avec une chronologie inversée, tandis que la principale est en couleur dans l'ordre normal. Le film se conclut au milieu de l'histoire, quand les deux séquences se rejoignent. C'est à ce moment-là, une fois que tous les éléments ont été exposés, que le spectateur en comprend enfin le sens.

> « Occupez-vous du sens et les mots s'occuperont d'eux-mêmes. »
>
> Lewis Caroll
> *– Alice au pays des merveilles*

2. LA CONSTRUCTION DE L'HISTOIRE

Ces bouleversements ne concernent cependant que la forme : que le sens principal soit clairement annoncé dès le début ou qu'il s'installe sans en avoir l'air, il doit profondément imprégner chaque atome du récit, lui servir de guide et n'être jamais perdu de vu par l'auteur, même lorsqu'il est volontairement dissimulé au public.

Dites comme cela, les choses semblent simples. Il faut toutefois composer avec les difficultés qui se posent concrètement aux auteurs : au moment où les premières lignes d'une histoire s'assemblent, on ignore généralement où l'on va. Et même quand c'est le cas, on ne sait pas quel chemin sera le plus sûr. Tant mieux ! Quand le travail d'écriture permet de découvrir quelque chose ou d'approfondir la connaissance que l'on a de soi-même, il n'en est que plus prometteur. Il devra pourtant y avoir un moment où la question du sens ne pourra plus être esquivée. Lorsqu'elle trouvera sa réponse (le plus tôt est toujours le mieux), il faudra réviser l'ensemble de ce qui a déjà été imaginé pour le rendre conforme à l'objectif choisi. Plus on en repousse l'échéance, plus cette étape est douloureuse : des têtes doivent tomber, des personnages auxquels on était attaché seront sacrifiés, des scènes poignantes se verront effacées, des pans entiers d'histoire disparaîtront parfois, quitte à être recyclés dans des productions ultérieures.

> — Il n'y a pas assez d'oxygène pour tout le monde, capitaine ! Si vous n'avez pas le courage de prendre une décision, il n'y aura que des cadavres à bord de notre navire lorsqu'il parviendra à destination !

Si le capitaine évoqué dans le dialogue ci-dessus manque à son devoir, il fera partie des cadavres évoqués et échappera du même coup à son jugement. Cela ne vous arrivera pas. À moins que les autres aspects de votre texte ne jouent le rôle d'un avocat hors pair, vous serez condamné à ce que votre histoire finisse dans un tiroir.

Quel est l'enjeu principal ? Quelle est la promesse principale ? Quel est le thème principal ?

Il n'y a pas suffisamment d'oxygène pour tout le monde. Chaque scène, chaque paragraphe et chaque phrase du texte ou du scénario final doit strictement s'aligner sur le parcours qui mène au dénouement.

Même quand elle est inspirée par l'absurde, comme les romans de Kafka ou les films des Monty Python, l'histoire n'est pas un fourre-tout en désordre, comme le sont la plupart de nos vies. Elle doit être conçue comme un chemin. Libre à l'auteur d'en faire une autoroute ou un sentier tortueux, mais le public ne doit pas avoir besoin de s'équiper d'un projecteur et d'une machette pour s'y promener. C'est déjà ce qu'il fait dans sa propre vie et il attend autre chose d'une œuvre.

La construction de l'histoire impose :

- Un sens principal, qui domine largement tous les autres ;
- Un thème principal, qui permet au sens de se déployer et donne une cohérence au récit ;
- Une contrainte générale, quelle que soit la forme de l'histoire, quelle que soit sa destination, quel que soit son sujet, quelle que soit sa structure : le principe de transformation. Car il n'y a pas, selon moi, de sens sans ce principe.

La nécessité d'une transformation

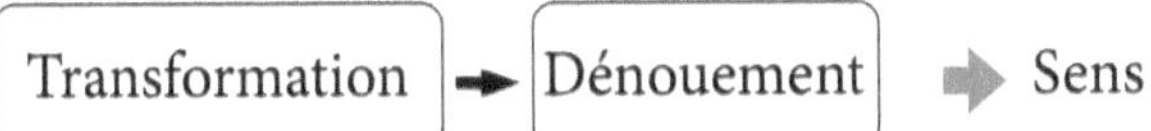

La transformation est *l'effet* que les événements de l'histoire produisent sur les personnages, sur la société dans laquelle ils vivent, ou même sur des objets que le récit a mis en avant. Si les faits racontés ne sont pas en mesure d'engendrer une conséquence, aucun d'entre eux n'a d'importance. À quoi bon s'intéresser à une histoire de ce genre ?

> « Tout amour, toute amitié sincère est une histoire de transformation inattendue. Si nous sommes la même personne avant et après avoir aimé, cela signifie que nous n'avons pas suffisamment aimé. »
>
> Elif Shafak – *Soufi mon amour*

On pourra opposer à cette affirmation de nombreux exemples de films, de pièces ou de romans où les personnages semblent incapables d'agir et d'évoluer, comme dans *En attendant Godot*, de Samuel Beckett. J'aborderai ces cas particuliers à plusieurs reprises dans ce qui suit, mais l'arbre ne doit pas cacher la forêt : explorons, si vous le voulez bien, l'hypothèse que le principe de la transformation est indispensable à l'histoire.

Admettons que la tonalité positive ou négative du dénouement détermine le sens général de l'histoire en proposant une forme de morale à ce qui s'est produit. C'est bien alors la transformation finale des personnages ou des choses qui permettra au spectateur/lecteur d'établir une conclusion, un jugement sur la valeur des actes et des décisions qui composent le récit. Et c'est précisément ce jugement qui lui donnera un sens.

Pour que cette idée puisse s'appliquer à toutes les histoires, il faut seulement accepter que cette transformation finale n'est qu'un principe général, toujours présent, mais pas toujours visible. Car si ce principe est aussi essentiel et universel que je le prétends, il est bien normal que les auteurs aient pris un malin plaisir à jouer avec lui, à l'aborder frontalement, dans certains cas, à le dissimuler dans d'autres, et à tenter de le contourner par tous les moyens, pour voir si cela était possible.

La transformation finale peut être désirée ou contrainte. Elle peut être contraire aux attentes, ne pas se réaliser entièrement, voire pas du tout, être refusée, évitée ou niée, s'appliquer à quelques personnes ou à une société entière ou à des objets, mais, selon moi, son principe doit toujours guider le récit de bout en bout pour qu'il forme une histoire. Encore une fois, l'histoire est un chemin qui mène d'un état initial à un autre état, et c'est la conséquence de cette évolution qui lui donne un sens. Le dramaturge et réalisateur américain David Mamet[20] (parmi d'autres) complète cette idée en affirmant que chaque scène doit être considérée comme une petite histoire en soi, avec un début, un milieu et une fin, et que chaque dialogue et chaque action doivent amener des transformations pour avoir un impact sur l'ensemble de l'œuvre, sans quoi, ils méritent d'être supprimés.

Dans le roman *Le Guépard*, de Lampedusa, le personnage du prince Fabrizio résiste pourtant au changement. Il demeure prisonnier des traditions et de son statut social, alors que les circonstances évoluent autour de lui et que sa famille est confrontée à des défis importants. Dans *La Chute,* d'Albert Camus, le personnage de Clamence refuse obstinément de s'améliorer, tout en reconnaissant les erreurs qu'il commet. Peut-on dire, pour autant, que le principe de la transformation n'est pas présent dans ces histoires ? N'est-ce pas plutôt leur sujet principal, une façon de l'explorer en creux, en montrant les conséquences du refus ou de l'incapacité à se transformer ?

Beaucoup d'autres histoires font le choix clair et radical de prendre la transformation comme sujet. C'est le cas, par exemple de *Le portrait,* de Dorian Gray dans lequel Dorian fait le vœu que son portrait vieillisse à sa place. À la toute fin, lorsqu'il poignarde la peinture, sa vieillesse et les marques de sa vie tourmentée réapparaissent sur son propre corps, ce qui constitue la transformation finale de l'histoire. Dans *La Métamorphose* de Kafka, lorsque Gregor Samsa, transformé en insecte finit par se laisser mourir (sa transformation finale), le lecteur prend conscience que l'histoire ne

---

20 Les idées de Mamet sont exposées dans son ouvrage *Où placer la caméra ?*

traitait pas de lui, mais de la transformation qui affecte sa famille. Dans *Le jour sans fin*, de Harold Ramis, Phil Connors se retrouve prisonnier d'une journée qui se répète à l'infini, et ne s'en libère que lorsqu'il réalise que c'est lui-même qui doit se transformer pour mettre fin à ce cycle. Dans *La Belle et la Bête*[21], l'amour inspire une lente transformation morale au personnage de la Bête avant qu'il ne se transforme physiquement en charmant jeune homme (transformation finale). Dans *Tootsy*, le personnage se fait passer pour une femme afin de trouver un emploi. Sa transformation finale réside dans la révélation de sa supercherie où il fait preuve de l'honnêteté qui lui manquait jusque-là. En renonçant à sa transformation physique, il accomplit sa transformation morale. *Pinocchio* est une marionnette qui rêve de devenir un petit garçon, ce qu'il n'arrivera qu'à la fin de l'histoire, lorsqu'il aura enfin compris et accepté ce que cette transformation implique. Etc.

La mort comme transformation finale

Dans la tragédie classique ou néo-classique, le parcours du héros s'achève fréquemment par sa mort qu'il peut être tentant de considérer comme la transformation finale. Et elle l'est, sans doute, dans de nombreux cas. Mais je me méfie des apparences.

> « Mourir. Cette innombrable transformation de soi. »
> Jean Ethier-Blais
> – *Mater Europa*

Dans ce type d'œuvre, l'objectif d'une fin catastrophique est souvent clair pour le spectateur dès le début du récit. Et parfois même avant, quand le titre annonce la couleur, comme dans *La mort d'un roi*, de William Shakespeare. Dans ce cas, où est le suspense ? Comment l'auteur parvient-il à instaurer une tension dramatique ?

Je reviendrai plus loin sur la notion d'« enjeu » et sur l'importance qu'elle revêt dans la construction des histoires. Pour le moment, je fais remarquer que la mort du héros (ou d'un autre personnage), même lorsqu'elle a lieu, ne représente pas toujours l'enjeu

---

21 *La Belle et la Bête* est un conte français du 18ᵉ siècle qui a inspiré un dessin animé et un film de Disney.

central du récit. Elle peut n'être, en quelque sorte, qu'une anecdote parmi d'autres, l'essentiel reposant sur la façon dont le protagoniste principal, comprenant qu'il va mourir, envisage cette perspective.

Peut-on rester digne dans une telle situation ? Est-il plus digne de se battre, en sachant sa cause désespérée, ou est-il plus noble d'accepter son sort et son destin, sans tenter de s'y opposer ? Dans la mesure où chacun d'entre nous devra affronter la mort un jour ou l'autre, ces questions méritent sans aucun doute qu'on leur consacre des histoires.

Lorsque l'une de ces questions (ou même une autre qui ne concerne pas la mort) représente l'enjeu principal de l'histoire, alors la transformation finale n'est pas la mort du héros. La transformation finale survient au moment précis où cet enjeu se dénoue. Il arrive que cela ne se produise pas, ce qui donne à l'histoire une « fin ouverte ». Un cas particulier sur lequel je reviendrai aussi.

> « Toutes les sciences, même divines, sont de grandes enquêtes. Sauf que l'on ne cherche pas à savoir pourquoi un homme est mort, mais les sombres secrets expliquant pourquoi il est en vie. »
>
> Gilbert Keith Chesterton
> – *The Thing*

La nécessité d'une confrontation et d'une crise

La vie est pleine de transformations qui se produisent par hasard. Les histoires non[22]. Si nous gardons à l'esprit que la transformation finale donnera son sens au récit, elle ne peut pas s'accomplir par hasard, et certainement pas sans obstacles. Quel jugement

---

22   Sauf dans les romans de Kafka, *La Métamorphose* et *Le Procès*, où l'auteur s'abstient ironiquement de répondre aux questions que le lecteur ne peut pas manquer de se poser : pourquoi et comment Gregor Samsa s'est-il transformé en insecte ? De quoi accuse-t-on exactement Joseph K. ? En jouant avec les attentes du lecteur, Kafka fait de ses non-réponses des éléments de l'intrigue.

le lecteur/spectateur pourrait-il en effet porter sur une conclusion à laquelle rien ne s'est opposé ? Pour que son discernement soit sollicité, des forces ou des volontés doivent s'affronter au fil du récit, fournissant ainsi des arguments qui pourront être pesés et comparés. Il s'agira alors de décider quelle faction l'a emporté, et pourquoi.

Bien qu'il existe plusieurs procédés pour faire croître la tension dramatique, la plus commune consiste à augmenter l'importance des forces et des volontés qui se confrontent jusqu'à rendre l'issue de l'intrigue incertaine. C'est pourquoi le théoricien allemand Freytag place le concept de *Steigerung* au cœur de la narratologie. Ce mot est souvent traduit par « conflit » en français, alors qu'il signifie littéralement « escalade »[23]. L'escalade de la tension dramatique ne résulte en effet pas toujours d'un conflit. Dans le cadre d'une histoire de séduction, par exemple, il serait plus juste de parler de « jeu » ou de « résistance ». Pour une histoire décrivant le parcours d'un sportif, c'est naturellement « compétition » qu'il faudrait employer. Et pour l'histoire d'un aventurier décidant de traverser un océan en solitaire ou de gravir une montagne inaccessible, les mots « obstacle » et « épreuve » conviendront mieux.

Dans tous les cas, pour que la transformation puisse jouer le rôle qui lui est dévolu, elle doit résulter d'une confrontation[24] physique, morale ou psychologique qui déclenchera une crise.

---

23   La même simplification concerne les théories de Vladimir Propp qui emploie le mot russe противостояние (« protivostoïanie »), parfois traduit par « conflit », alors que ce mot correspond davantage au concept de « confrontation ».

24   Dans les pages suivantes, nous reviendrons plus en détail sur la phase de confrontation.

La transformation doit être le résultat d'une crise

D'un certain point de vue, toutes les histoires sont des histoires à chute. Pour que la transformation finale (et le sens qu'elle véhicule) se dégage clairement des péripéties racontées auparavant, elle doit être précédée d'un climax[25], c'est-à-dire d'un point culminant dans la tension dramatique. Ce climax, par son intensité, va permettre d'isoler la cause (la confrontation) de la conséquence (la phase de transformation finale).

> « Il ne peut pas y avoir de crise la semaine prochaine : mon agenda est déjà plein. »
>
> Henry Kissinger
> – Cité par Walter Isaacson dans
> *Henry Kissinger: A Biography*

Le mot « crise » me semble le mieux adapté pour décrire ce moment particulier de l'histoire, à condition de l'envisager dans son sens large : une crise n'est pas nécessairement un épisode destructeur, mais peut également être à l'origine d'une victoire ou d'une naissance.

En mandarin, l'idéogramme « Wei-Ji » qui représente le concept de crise se compose du mot « Wei » signifiant « danger » et du mot « Ji » qui se traduit par « opportunité ».

Wei   Ji

C'est dans cette acception qu'il faut envisager la crise précédant la transformation : un danger et une opportunité.

Cependant, il faut bien remarquer la fâcheuse tendance de l'être humain à focaliser son attention sur les aspects négatifs des

---

25 Comme je l'explique plus loin, l'emploi du mot *climax* est discutable lorsqu'il s'agit de désigner le sommet de la tension dramatique. Dans ce paragraphe, je me range toutefois à cet usage commun.

événements. Ce biais cognitif porte le nom évocateur de « biais de la négativité ». Il appartient à l'auteur de décider s'il souhaite le combattre à travers ce que les Anglo-saxons appellent une *feel good story*, ou bien s'en servir comme appui.

La crise instantanée et autres possibilités

Dans certains cas, la crise croît lentement, occupe une part importante de l'histoire et s'organise en segments conçus comme des microhistoires emboîtées. Dans d'autres cas, la crise se résume à un couple de phrases tel que « Sur ce, il tomba raide mort. Nicolas se dit qu'il y avait là un message. »[26]

> « Il paraît que la crise rend les riches plus riches et les pauvres plus pauvres. Je ne vois pas en quoi c'est une crise. Depuis que je suis petit, c'est comme ça. »
>
> Coluche – *Le Chômeur*

Ces variations de développement résultent naturellement de la longueur totale de l'œuvre. Mais elles peuvent aussi dépendre de la façon dont l'auteur conçoit sa structure et je n'identifie aucune règle particulière à ce sujet.

La phase de confrontation occupe très souvent la plus grande part du récit. Mais là encore, excepté l'intérêt que cette phase représente du point de vue de la tension dramatique, il me semble difficile d'en tirer des conclusions. Pour peu que le schéma général de l'histoire soit respecté, tous les agencements possibles font apparemment l'affaire.

On peut imaginer de placer la transformation finale *avant* la crise (dont elle pourrait alors être la cause), ou bien entremêler les deux. L'expérimentation est une composante essentielle de l'art et je ne doute pas que certains auteurs ont tenté ces combinaisons, même si je n'ai pas d'exemple en tête.

---

26 Extrait d'un texte produit par Fabienne, à l'occasion d'un atelier d'écriture de la Maison du livre de Nouvelle-Calédonie, le 7 novembre 2016.

Le schéma général que nous sommes en train d'explorer doit être considéré pour ce qu'il est, c'est-à-dire « général ». Même s'il peut être amusant (et passionnant) de chercher comment le faire plier, je pense qu'il représente un guide acceptable pour la construction et l'analyse des histoires.

La transformation ultime est celle du lecteur

Le plus beau retour qu'un auteur puisse attendre d'un spectateur ou d'un lecteur est probablement « cette histoire a changé ma vie ».

S'il ne fallait retenir qu'un objectif, ce serait donc d'apporter une révélation au public ou, du moins, de l'amener à s'interroger et à réfléchir aux événements qui jalonnent le récit, et d'en ressortir plus ou moins différent, plus ou moins transformé.

La transformation subie par le personnage principal ou par la société imaginaire dans laquelle il évolue n'a peut-être finalement pour fonction que de *contaminer* l'esprit du public.

Comme elle résulte souvent d'un processus de transformation de l'auteur lui-même qui, en écrivant, prend conscience de certaines vérités ou explore certaines formes de pensée qui lui demeuraient inconnues jusque-là, il me vient l'idée que l'histoire n'est peut-être, en fin de compte, qu'*un véhicule* qui permet à l'auteur de partager sa propre transformation avec le public. Nul doute, en tout cas, que si l'opération réussit, l'histoire aura du sens !

L'exposition

Il ne manque que l'exposition pour compléter mon schéma général :

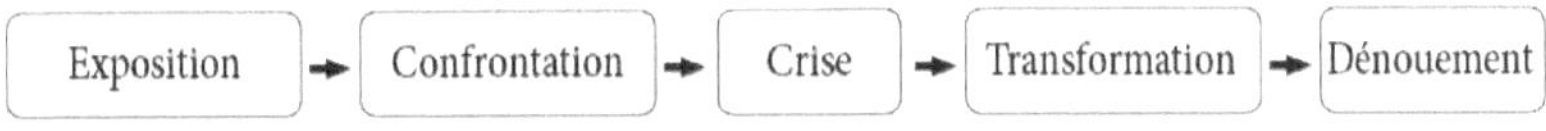

Son rôle consiste à présenter (exposer) les personnages, et à mettre en place une situation de départ qui soit en mesure de déclencher une confrontation. Cette partie du récit n'est pas toujours construite comme une phase indépendante. Elle est fréquemment découpée pour être entremêlée à la phase de confrontation elle-même.

Lorsqu'elle est placée en début d'histoire, le principal danger de l'exposition, si elle se prolonge, est de provoquer l'ennui en raison de l'absence de tension dramatique qui la caractérise. Car si les lecteurs des 18e et 19e siècles acceptaient apparemment le principe d'un premier chapitre composé d'interminables descriptions, ceux de notre époque, tout comme les spectateurs, se montrent plus exigeants.

Les auteurs ont exploré un grand nombre d'options pour faire face à cet écueil :

- <u>L'exposition progressive</u> : La phase d'exposition est entremêlée à la phase de confrontation. C'est un procédé auquel recourt la majorité des thrillers et des films d'action qui s'ouvrent le plus souvent en pleine confrontation et, si possible, sur une situation de danger. La nature des personnages et la cause du danger sont dévoilées au fur et à mesure de l'avancée de l'action. Ainsi, la tension dramatique est présente dès le début de l'histoire, garantissant l'intérêt du lecteur/spectateur pour ce qui va suivre. Kafka construit une exposition progressive dans *La Métamorphose* et *Le procès*, tout comme Camus, dans *L'Étranger,* ou Homère dans *L'Odyssée.*

> « Si la chose est possible, faites en sorte d'introduire vos personnages, vos situations ou vos théories pendant que l'action avance. Cela permet de préserver la tension dramatique. »
>
> Mickael Moorcock
> *– Wizardry & Wild Romance: A Study of Epic Fantasy*

- <u>L'apparence trompeuse</u> : L'exposition de départ met en scène une famille ordinaire dans une petite ville ordinaire. Le tableau est si propre, si douillet et si banal que le spectateur/lecteur ne tarde pas à se dire que tout cela est trop beau pour durer et qu'une catastrophe va inévitablement survenir d'un instant à l'autre. Pour l'affermir dans cette idée, le procédé le plus fréquemment employé consiste à instiller des éléments étranges dans le tableau, jusqu'à ce qu'une impression de fausseté finisse par s'en dégager. La tension dramatique s'installe ainsi dès l'exposition. Au cinéma, on peut se servir de la bande-son (bruits ou musique inattendus) ou faire des choix de plans en décalage avec le sujet (caméra à l'envers, par exemple). La littérature recourt à des évocations fantastiques ou simplement étonnantes pour obtenir le même résultat[27]. Ce procédé est délicat à mettre en œuvre, mais il offre l'avantage de permettre une exposition complète avant la phase de confrontation qui pourra dès lors se concentrer sur sa propre fonction. Il est notamment employé au cinéma dans *Get Out*, de Jordan Peele, ou dans tous les films de David Lynch. En littérature, on peut citer, par exemple, *La fille du train*, de Paula Hawkins et *Les apparences (Gone Girl)*, de Gillian Flynn.

> « Sur l'apparence est bien fou qui se fonde. »
> Proverbe populaire

- <u>Une construction non chronologique</u> : Les *flash-back* (analepse) et *flash-forward* (prolepse) sont des procédés très employés pour éviter une phase d'exposition fastidieuse. Un *flash-forward* placé en début d'histoire permet d'en montrer un passage qui se déroulera plus tard (un meurtre, par exemple), et qui fournira certains indices tout en permettant d'instaurer une tension dramatique immédiate. Un *flash-back* permet d'interrompre une phase d'action pour dévoiler des éléments issus du passé, ce qui allège d'autant la phase d'exposition initiale.

- <u>L'originalité</u> : Certains des univers imaginés comme cadre de

---

27 Dans *La fille du train*, de Paula Hawkins, l'héroïne observe, lors de chacun de ses voyages en train, un couple qui la fascine par son apparente perfection. Lorsqu'elle surprend la femme du couple embrassant un autre homme que son mari, elle est prise de soupçons.

   2. La construction de l'histoire

l'histoire sont si inventifs que leur exposition est une expérience passionnante pour le lecteur ou le spectateur. Parmi de nombreuses œuvres ayant réussi cet exploit, on peut citer par exemple *Bilbo le hobbit*, de R. R. Tolkien, *2001 l'Odyssée de l'espace*, de Stanley Kubrick, ou *Novecento : Pianiste*, d'Alessandro Baricco.

- <u>Le cliché</u> : En mettant en scène des stéréotypes que le destinataire de l'histoire reconnaîtra immédiatement, on s'évite de les décrire dans le détail et l'on abrège l'exposition. Ce moyen peut être intéressant lorsqu'il est appliqué à des situations ou des personnages secondaires. Mais il compromet naturellement l'originalité qui caractérise les meilleures histoires. Il ne doit donc être employé qu'en connaissance de cause.

- <u>L'esthétique et l'humour</u> : En littérature comme au cinéma, une esthétique particulièrement léchée ou une bonne dose d'humour peuvent rendre la phase d'exposition agréable et digeste. Marcel Pagnol utilise toujours le pittoresque et l'humour dans la présentation du contexte, par exemple.

- <u>Le prologue</u> : La tradition veut que chaque long métrage consacré à James Bond commence par une séquence d'action intense qui n'a, bien souvent, que très peu de rapports avec le reste de l'histoire, mais qui permet de captiver immédiatement l'attention du spectateur. Tout en précédant la véritable scène d'exposition, le prologue peut ainsi placer des enjeux dès le début de l'histoire, afin d'instaurer une tension dramatique.

> « Le passé est un prologue. »
>
> William Shakespeare
> – *La Tempête*

Cette liste de procédés ne se veut pas exhaustive. Elle montre simplement qu'il est possible d'éviter l'ennui qui menace la phase d'exposition en faisant preuve d'imagination.

Dans son ouvrage *S/Z*, Roland Barthes nous fait remarquer que le début de toute histoire représente une sorte de contrat implicite avec le public en établissant une « promesse narrative », une attente créée par l'auteur à travers laquelle il annonce ses intentions. Quand les séquences introductives des *James Bond* nous promettent de l'action, celles de *Bilbo le Hobbit* ou de *Harry Potter* nous font miroiter un fantastique particulièrement inventif. À l'heure des *teasers* et des présentations sur les plateformes numériques qui emploient fréquemment le début d'une histoire pour accrocher le public, ce principe de «promesse» doit certainement être pris en considération plus que jamais.

La qualité de ce que l'on appelle l'*incipit* en littérature, les toutes premières lignes qui sont données à lire, est désormais un facteur clé du succès de l'ouvrage, tout comme les premières images d'un film pèsent beaucoup dans sa carrière. C'est sans doute la raison pour laquelle les génériques qui encombraient autrefois les dix premières minutes des longs métrages sont aujourd'hui abrégés ou carrément reportés dans le cœur ou à la fin de l'œuvre.

La nécessité des enjeux

La phase de confrontation, qui représente souvent la plus grande partie de l'œuvre, est traditionnellement celle qui voit croître la tension dramatique. À travers différentes péripéties, elle pose des enjeux qui seront résolus en cours de route pour certains et qui conduiront à la crise finale pour le plus important d'entre eux. La mise en place de ces enjeux est donc l'une des compétences essentielles que l'auteur devra maîtriser. Dans ce qui suit, je vais tenter d'analyser cette mécanique dans le détail, pour en examiner les principes.

> « L'enjeu est le cœur de l'histoire. C'est ce qui la fait battre. »
>
> Julia Cameron
> *– The Artist's Way*

Car si l'Essai, en tant que forme littéraire ou cinématographique (reportages et documentaires, par exemple), se cantonne à peu près au monde des idées, il me semble qu'une fonction majeure de l'Histoire consiste à exposer (ou à explorer) les conséquences émotionnelles (joie, tristesse, ennui, honte, frustration, etc.) du récit. Sans enjeux (ce que les péripéties font perdre ou gagner), il n'y a pas de conséquences émotionnelles.

Petit Prince et Armageddon : même combat !

Dans le film *Armageddon*[28], l'enjeu des héros consiste à détourner la trajectoire d'une météorite pour qu'elle ne détruise pas notre planète. Dans le roman *Le Petit Prince*[29], l'enjeu, du point de vue des personnages, consiste à se comprendre et à s'accepter (à s'«apprivoiser», dirait le Renard). Ces deux histoires ont peu de choses en commun, mais elles partagent tout de même le fait d'être construites sur des enjeux centraux, qui détermineront toutes les évolutions et la plupart des réflexions, actions et interactions des personnages.

> «L'enjeu d'une histoire est ce qui la rend humaine. C'est ce qui nous permet de nous identifier aux personnages, de partager leurs émotions et de nous questionner sur nos propres vies. »
>
> Northrop Frye
> – *Anatomie de la critique.*

---

28   Film de Michael Bay.

29   Roman de Antoine de Saint-Exupéry

Dans *Poétique de la prose*, Tzvetan Todorov identifie trois types d'enjeux : social, moral et psychologique. Disons alors que l'enjeu d'*Armageddon* (sauver la planète) peut se présenter comme un enjeu moral du point de vue des personnages, puisqu'ils doivent accepter de mettre leurs vies en danger pour accomplir leur mission. Le Petit Prince doit, lui aussi, affronter un enjeu moral : retourner chez lui ou rester avec le pilote. Dans le premier cas, il sauvera la Rose, dans le deuxième, il s'offre la liberté (il choisit finalement de sacrifier sa liberté pour sauver la Rose).

Todorov affirme que l'enjeu moral est le type d'enjeu le plus à même de susciter des émotions fortes chez les lecteurs ou les spectateurs. Il me semble que c'est parce qu'il s'exprime presque toujours sous la forme d'un dilemme qui est un moyen très puissant de mobiliser l'empathie du public. Le dilemme du Petit Prince (sacrifier la Rose ou sacrifier sa liberté) n'est pas simple à trancher. Celui d'*Armageddon* est amusant par son absurdité, puisqu'il se résume à mourir (en laissant la météorite anéantir la Terre), ou sacrifier sa vie (en détournant la météorite de sa trajectoire). Mourir ou mourir, en somme. Le courage du héros le guidera heureusement dans ce choix difficile.

Une danse entre l'attente et la résolution

Todorov définit l'enjeu comme le résultat attendu ou espéré par les personnages ou par la société dans laquelle se déroule le récit. Dans certains cas, il ne peut se résumer à un objectif à atteindre, et se voit plutôt ramené à une question, posée à l'univers de l'histoire, et au lecteur/spectateur à travers elle. Dans une histoire policière, par exemple, l'enjeu principal revient le plus souvent à découvrir qui a commis le crime.

Une autre façon, plus poétique, de présenter l'enjeu consiste à dire qu'il se déploie comme un fil tendu à travers le récit, tirant les personnages et les événements dans une danse entre l'attente et la résolution. Cependant, tous les personnages ne s'engagent pas dans cette danse avec le même enthousiasme, car si certains d'entre eux souhaitent voir l'enjeu principal se réaliser, d'autres auront parfois des raisons de le faire échouer. Indépendamment de ce qui apparaîtra au spectateur ou au lecteur comme l'enjeu de l'histoire, chaque personnage pourra donc avoir le sien. C'est pourquoi il m'arrive d'évoquer l'enjeu de l'histoire, ou bien l'enjeu *du point de vue des personnages* (ou de tel ou tel personnage).

> « Tout homme est le héros de sa propre histoire. Il a ses propres rêves, ses propres objectifs, ses propres ambitions. Il voit le monde à travers ses propres yeux, et il perçoit la réalité à travers ses propres filtres. C'est pourquoi il est important de comprendre le point de vue du méchant. Il est important de voir le monde à travers ses yeux, pour comprendre ses motivations et ses objectifs.
>
> Napoleon Hill
> *– Think and Grow Rich*

L'enjeu principal doit être posé aussi tôt que possible

Dans la partie de son blog consacrée à ce sujet[30], Julien Hirt défend l'idée que l'enjeu principal de l'histoire doit être posé aussi tôt que possible et de la façon la plus claire possible. Il fait remarquer que le titre même de l'histoire peut jouer ce rôle, comme c'est le cas pour *Finding Nemo* (*Le monde de Némo*). On peut également citer

---

30 https://julienhirtauteur.com/2021/11/10/les-enjeux et https:// julienhirtauteur.com/2021/11/24/se-servir-des-enjeux/

Deux garçons, une fille, trois possibilités dont le titre, non content d'évoquer trois enjeux potentiels, est presque une microfiction à lui tout seul; Ou encore *Il faut sauver le soldat Ryan*, ou *Qui a tué Pamela Rose*?

Un moyen simple de chercher comment formuler un enjeu consiste à associer un verbe à l'infinitif avec un sujet. Pour les exemples que je viens de citer :

- *Armageddon* : sauver la planète (éviter l'Armageddon);
- *Le Petit Prince* : choisir entre le devoir et la liberté;
- *Finding Nemo* : retrouver Nemo;
- *Deux garçons, une fille, trois possibilités* : explorer le polyamour;
- *Il faut sauver le soldat Ryan* : sauver le soldat Ryan;
- *Qui a tué Pamela Rose?* : découvrir qui a tué Pamela Rose.

Pour aller plus loin dans la façon de construire un enjeu capable de motiver et d'émouvoir le lecteur ou le spectateur, il va cependant falloir répondre à de nombreuses questions qui vont bien au-delà de sa simple formulation, et par exemple : Comment le placer dans l'histoire (comment le faire naître)? Comment le rendre important? Comment faire croître cette importance au fur et à mesure de l'avancée du récit? Comment s'appuyer sur l'enjeu pour instaurer une tension dramatique?

Le schéma suivant est conçu comme un guide. Il s'inspire en partie du schéma actanciel du théoricien Greimas que je détaillerai en annexe; mais le mien s'intéresse surtout à ce qui va motiver les personnages, d'une façon ou d'une autre, à s'engager dans la résolution d'un enjeu particulier, car le sujet de la motivation n'est pas vraiment traité par le schéma actanciel :

2. La construction de l'histoire

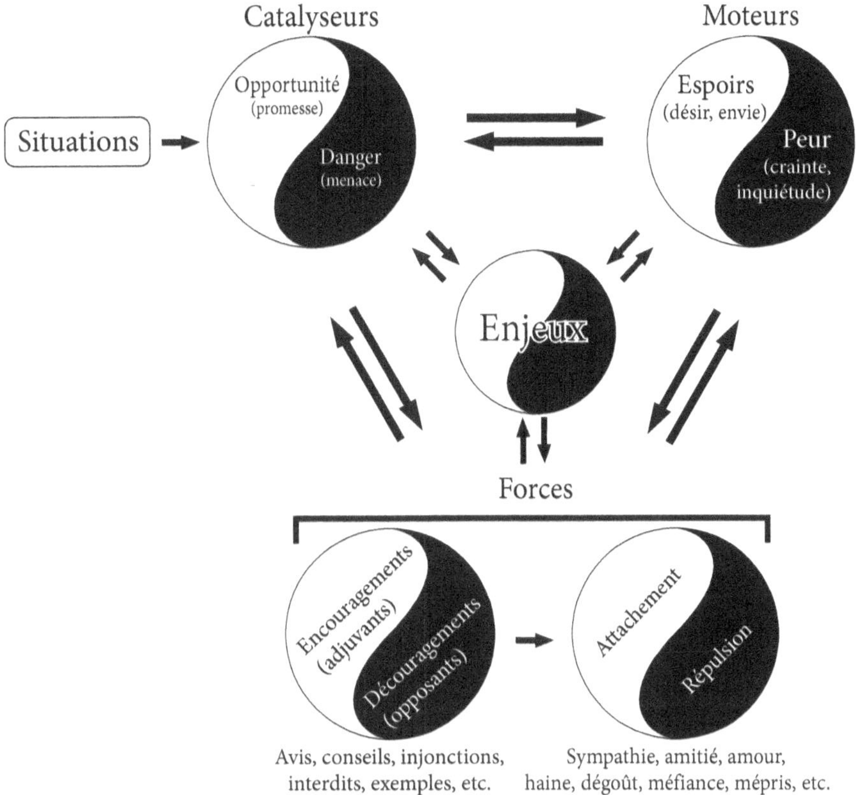

Avis, conseils, injonctions, interdits, exemples, etc.

Sympathie, amitié, amour, haine, dégoût, méfiance, mépris, etc.

Ce schéma est très certainement discutable, et je doute qu'il puisse répondre à toutes les façons d'envisager la question des enjeux, tant les ressorts de la psychologie humaine sont complexes et variés. Par ailleurs, à force d'être épuré pour s'adapter à toutes les histoires auxquelles je l'ai confronté, il présente un aspect théorique qui peut le rendre difficile à appréhender. Mais il offre au moins le mérite d'avoir une certaine cohérence et d'être propice à la réflexion sur les moyens d'induire une tension dramatique. Car on simplifie bien trop souvent cette question en considérant qu'il suffit pour cela de multiplier les obstacles sur le chemin des protagonistes. C'est oublier les aspects émotionnels et sentimentaux qui forment l'essentiel de nos motivations. Et c'est justement pour les prendre en compte que ce schéma a été conçu.

Je propose plus loin quelques applications pratiques qui devraient permettre de mieux en saisir le principe. Voici d'abord quelques commentaires sur ses composants :

Les trois pôles périphériques (<u>Catalyseurs</u>, <u>Moteurs</u> et <u>Forces</u>) sont disposés en triangle parce qu'il m'a semblé impossible de les hiérarchiser de façon logique ou chronologique. Je les ai représentés sous la forme du symbole Yin-Yang pour illustrer leur nature binaire. C'est justement cette binarité qui va engendrer la confrontation.

Les <u>enjeux</u> placés au centre du schéma représentent tout ce que les personnages **espèrent** gagner ou ont **peur** de perdre (la vie, un trésor, une meilleure situation, etc.)

- *Le Petit Prince* : gagner ou perdre la liberté, perdre ou gagner la satisfaction de bien agir.
- *Armageddon* : gagner ou perdre la survie de la planète.

L'importance des <u>enjeux</u> dépend essentiellement de leurs <u>forces</u> (**attachement** et **répulsion**).

- *Le Petit Prince* : aime sa Rose, mais il est également attaché à sa liberté.
- *Armageddon* : En se sacrifiant pour sauver la planète, le personnage de Harry S. Stamper va surtout sauver la vie de sa fille. C'est son attachement pour elle qui est censé donner de la force à l'enjeu de cette histoire.

Plus les personnages sont sentimentalement investis dans un enjeu, plus ce dernier devient puissant, générateur de tension dramatique et de confrontation. En complément de l'attachement et de la répulsion, j'ai fait figurer l'**encouragement** ou le **découragement** dans les forces narratives, car lorsque le héros d'une histoire est de nature passive ou indécise, ce sont souvent des tiers qui vont le pousser à s'investir dans la résolution de l'enjeu, par leurs avis, conseils ou injonctions. L'**encouragement** et le **découragement** peuvent éventuellement être de nature immatérielle : dans le cas du Petit Prince, c'est le sens du devoir qui va influencer son choix fi-

nal. Dans son schéma actanciel, Greimas nomme ces composantes
« adjuvants » et « opposants »[31].

La puissance du **danger** ou de l'**opportunité** sera également
de nature à renforcer celle de l'enjeu. Plus ces facteurs paraissent
importants et imminents, plus la tension dramatique augmentera.
C'est sans doute pourquoi les scénaristes d'*Armageddon* sont allés
jusqu'à mettre la survie de la planète tout entière dans la balance.

La mécanique de l'enjeu est une boîte noire

Dans le schéma qui précède, tous les éléments sont liés par
des flèches qui représentent leurs interactions potentielles. Par
exemple : quand l'enjeu grandit, il entraîne une augmentation de la
peur ou de **l'espoir** sans lesquels il n'existerait pas.

Si l'on voulait tenter d'établir une chronologie possible, on
pourrait dire que les catalyseurs font naître l'enjeu, et que les forces
l'amplifient. Cet enjeu provoque alors une **peur** ou un **espoir** (un
moteur). Mais en réalité, tout se construit de façon simultanée : s'il
n'y a pas d'enjeu sans forces (**attachement** ou **répulsion**), il n'y a
pas non plus de forces sans enjeu. On pourrait également estimer
que les forces sont le carburant qui fait tourner les moteurs narratifs, mais ces moteurs n'existeraient pas sans les enjeux qui n'existeraient pas eux-mêmes sans les forces ni les moteurs.

Il faut donc accepter de considérer cet ensemble comme une
sorte de boîte noire dont il est impossible de définir le fonction-
nement avec précision, mais dont on peut au moins identifier les
composants.

Quelques précisions

- Les <u>catalyseurs</u> (**dangers** et **opportunités**) sont la façon dont
  les personnages envisagent les situations qu'ils vivent. La composante **danger** peut résulter des contraintes qui pèsent sur eux

---

31   Voir la section consacrée à Greimas en annexe : « Le schéma actan-
     ciel de Greimas ».

(pauvreté, esclavage, condition féminine, etc.), ou bien d'autres choses qu'ils identifient comme des **menaces** (réelles ou imaginaires), ou encore des catastrophes (accident, perte d'emploi, deuil, rupture, dépression, etc.). La composante **opportunité** englobe les possibilités de conquête, d'amélioration du statut social ou financier, et autres cartes du trésor. Les catalyseurs peuvent avoir des causes externes (rupture amoureuse ou gain au loto) ou internes aux personnages (mal-être ou envie de découverte)[32]. Le théoricien Todorov attribue le nom « élément déclencheur » à l'équivalent des catalyseurs. Je remarque pourtant que ce qui détermine l'enjeu, ce ne sont pas les éléments eux-mêmes (même lorsqu'ils sont absolument contraignants), mais la façon dont les personnages les considèrent et y réagissent. C'est dans leurs esprits que se trouvent les déclencheurs.

- Les catalyseurs doivent induire des <u>moteurs</u> contradictoires pour provoquer une confrontation dans l'histoire. Généralement, les personnages **espèrent** réussir quelque chose et **craignent** d'échouer ou de mourir. Ou bien ils ont **peur** de quelque chose qu'ils **espèrent** pouvoir empêcher.

- Les <u>forces</u> sont dépendantes de **sentiments**, et non pas d'émotions. Dans mon optique, les sentiments sont tout ce qui relie une personne à quelque chose ou quelqu'un, c'est pourquoi je les ai réduits, dans ce schéma, à l'attachement (force d'attraction) et la répulsion (force de répulsion) ; ces deux composantes pouvant être issues de, ou renforcées par des **encouragements** ou des **découragements**.

---

32 C'est dans le bloc des <u>Catalyseurs</u> qu'il faut placer le principe de « l'appel à l'aventure » que Joseph Campbell a théorisé dans *Le héros aux mille et un visages*, tandis que Todorov préfère l'expression « élément déclencheur ». On peut également citer Blake Snyder qui évoque le concept de « catalyseur » dans son livre *Save the Cat ! Réussir son scénario* ; ou John Truby, dans *Anatomie du scénario*, qui met en avant l'idée d'un « besoin » jouant le rôle d'un élément déclencheur. Pour Propp et Truby, c'est une lacune ou une insuffisance dans la vie du personnage principal qui le motive à entreprendre un voyage de transformation. Bien qu'intéressant, ce principe est cependant très loin de s'appliquer à toutes les histoires.

Premier exemple d'application

Comme vous allez le constater, la microfiction ci-dessous compte énormément sur la participation du lecteur pour reconstituer des éléments qui ne sont pas énoncés. De façon ludique, elle l'invite à deviner, à partir d'indices minimalistes, ce que ne dit pas le texte. Cet aspect de l'écriture sera détaillé dans la section « La théorie de la réception ».

Inventaire :[33]

Une plage.
Deux verres.
L'horizon.

Un maillot qui s'envole.

Un réveil qui sonne.
Une frustration.

Un juron.

- Les trois premières lignes de cette microfiction en forment l'exposition et mettent en scène un moment de détente impliquant un couple à la plage. C'est en tout cas l'image qui naîtra le plus naturellement dans l'esprit du lecteur, en raison de la présence des *deux* verres. C'est dans ces lignes que réside implicitement la **promesse** que quelque chose de plus agréable est à venir. Ce « quelque chose » n'étant pas encore défini, on laisse le lecteur s'en faire une idée : que se passe-t-il souvent (et en particulier dans les histoires) après qu'un couple se soit détendu en buvant un verre à la plage ? Personne ne vous accusera d'être grivois si vous répondez « si tout va bien, ils se feront un câlin ». Voilà donc notre <u>enjeu</u> : se faire un câlin. Les <u>moteurs</u> (espoir et peur d'y parvenir) ne sont pas exprimés ici, faute de place, mais on

---

33   Cette microfiction est extraite de *Microfictions calédoniennes, 100 petits Cailloux,* publié aux éditions Humanis.

fait encore confiance au lecteur pour les concevoir. Quant aux <u>forces</u> (**attachement** et **répulsion**), bien qu'également implicites, elles sont assez claires : si un couple se retrouve à la plage en train de boire quelque chose (je suis sûr que vous pensez à de l'alcool, même si ce n'est pas dit), c'est probablement que les deux membres du couple éprouvent au moins de la sympathie l'un envers l'autre. Cette microfiction joue avec les clichés, afin de condenser tous les éléments du récit en peu de mots. Je traiterai la question des clichés un peu plus loin en faisant remarquer que, malgré leurs inconvénients, ils permettent d'aller vite en besogne lors de l'exposition.

- Le maillot qui s'envole contient la phase de confrontation dans son entier. La promesse semble se concrétiser. Cependant, « un maillot qui s'<u>enlève</u> » aurait été plus clair. Ce « maillot qui s'envole » crée une petite tension dramatique : a-t-il été enlevé volontairement, ou est-ce accidentel ? D'où s'est-il envolé ? D'un sac ou d'un corps ? En d'autres termes, l'enjeu est-il en train de se résoudre ou non ?

- La crise et la transformation se produisent dans les deux phrases suivantes : la crise, c'est le réveil qui sonne, mettant fin à ce qui n'était donc qu'un rêve agréable. La transformation, c'est l'état du rêveur qui tombe brutalement dans la frustration.

- La dernière phrase, « Un juron. » est le dénouement de l'histoire. Elle aurait pu être omise sans que la structure générale n'en soit compromise. Elle constitue une sorte de morale, démontrant la conséquence de la transformation sur le rêveur : il est en colère. Sa banalité et sa brièveté apportent une conclusion amusante.

Les figures fractales sont composées de motifs qui se répètent à toutes les échelles.

Par bien des aspects, l'intelligence humaine fonctionne de façon fractale. Nous sommes capables d'appliquer la même analyse à des niveaux de complexité très variables.

Quand une histoire couvre une période de temps importante, il est presque toujours possible de la découper en segments dont chacun représente une microhistoire comportant tous les ingrédients constitutifs d'une histoire complète, avec une microexposition, une microconfrontation, une microcrise et une microrésolution. Au sein de l'histoire principale, ces microhistoires s'enchaînent, voyant naître chacune des microenjeux qui pourront se résoudre en cours de route, ou s'empiler afin de faire croître la tension narrative jusqu'à la crise finale.

Vous avez sans doute remarqué que les composantes que j'ai attribuées aux <u>catalyseurs</u> (**danger** et **opportunité**) sont exactement les mêmes que celles que j'avais précédemment définies comme étant celles de la crise. Selon moi, les catalyseurs d'une scène doivent en effet être conçus comme le produit de la scène précédente ; en participant à la formation de nouveaux enjeux, ils induisent la crise à venir, c'est-à-dire la scène à venir.

Par exemple : un personnage perd son travail, ce qui le plonge dans une crise l'incitant à commettre un hold-up qui débouchera sur la mort d'un ami, etc. La perte d'emploi est une microhistoire ; le hold-up en est une autre, mais toutes les deux s'inscrivent dans la phase de confrontation de l'histoire principale.

De nombreux théoriciens de la narration suggèrent de terminer les scènes ou les chapitres sur des moments de tension dramatique exacerbée. Chaque section se compose alors de la résolution d'une microhistoire, et de la mise en place de la suivante.

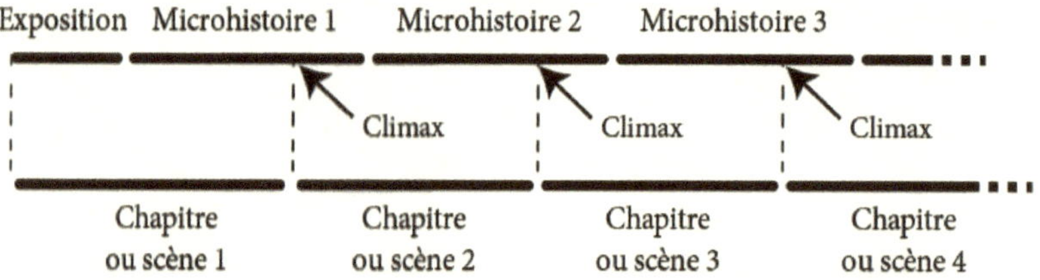

Pour la littérature, cette construction a pour objectif que le public n'interrompe pas sa lecture à la fin d'un chapitre. Pour le cinéma, elle est souvent utilisée dans le cadre de montage alterné, quand plusieurs intrigues se déroulent en simultané. Lorsque le passage de l'une à l'autre se produit à un moment de tension important, l'attente du spectateur augmente.

La montée de la tension dramatique

Les deux procédés les plus couramment employés pour obtenir l'escalade de la tension dramatique sont l'**amplification des enjeux** (en faisant croître les forces, par exemple), et l'**accumulation des enjeux**.

Exemple 1 (amplification) : Tandis que A veut se venger de B qui l'a ridiculisé en public, il découvre que B lui a également volé le poste qu'il convoitait. L'enjeu de la vengeance augmente.

Exemple 2 (amplification et accumulation) : En cherchant à identifier des terroristes, l'héroïne découvre qu'ils ont placé une bombe dans un laboratoire contenant des virus mortels qui risquent de contaminer la population après l'explosion. Et, pour ne rien arranger, le laboratoire se trouve juste à côté de l'école où vont ses enfants. L'enjeu consistant à démasquer les terroristes augmente ainsi considérablement, tout en se voyant accolés ceux qui consistent à sauver la population et à sauver les enfants (pardon pour le cliché que tout cela représente).

Cas pratique

Pour illustrer la question des enjeux par des exemples pratiques, voici une interprétation du début du premier tome du cycle *Harry Potter* (*À l'école des sorciers*) :

- Le livre démarre par un prologue[34] qui pose les éléments principaux de l'histoire. On y apprend l'existence de Voldemort et l'assassinat des parents de Harry (encore bébé à ce stade). La <u>force</u> est indiscutablement la répulsion et la méfiance que les personnages éprouvent envers Voldemort. Ce dernier in-

---

34 Le prologue se déroule dix ans avant l'histoire principale.

carne la **menace** (<u>catalyseur</u>), tandis que l'<u>enjeu</u> consiste à sauver Harry. Les <u>moteurs</u> sont l'**espoir** d'y parvenir et la **peur** d'échouer. Plus tard dans le récit, l'enjeu de départ va évoluer : pour Harry, il ne s'agira plus seulement de survivre, mais aussi de neutraliser Voldemort.

- L'histoire démarre véritablement au chapitre 2 où, comme dans *Cendrillon*, la situation de départ est pénible pour Harry Potter : il vit dans une famille dysfonctionnelle qui l'a condamné à dormir dans un placard. Dans cette première partie de l'histoire, les <u>forces</u> sont représentées par la détestation que le lecteur éprouve immédiatement envers le cousin Dudley, qui méprise lui-même Harry et qui renforce l'<u>enjeu</u> : partir de là par n'importe quel moyen ! Le <u>moteur</u> de cette première phase est donc basé sur l'**espoir** d'échapper à cette situation, ou la **peur** d'en demeurer prisonnier. Les <u>catalyseurs</u> sont les lettres venues de nulle part, que l'oncle Dudley tente de faire disparaître et qui, par leur caractère fantastique, portent l'espoir de Harry (et celui du lecteur) que quelque chose pourrait changer. Cette **promesse** se concrétise lorsque Hagrid apprend à Harry qu'il est admis à l'école des sorciers. Dès lors, l'enjeu est dénoué à la grande satisfaction du lecteur, et cette première partie d'histoire est bouclée.

- La deuxième partie de l'histoire démarre au chapitre 5 (Le chemin de traverse). Son <u>enjeu</u>, pour Harry, semble être de mesurer et d'accepter le statut extraordinaire qu'il occupe dans le monde des sorciers. En arrivant dans le *Chaudron Baveur*, un bar du chemin de traverse, Harry constate que tout le monde le connaît, alors qu'il ne connaît personne, ce qui constitue le <u>catalyseur</u> de cet épisode (la **promesse** qu'il est quelqu'un de particulier). Il constate ensuite que ses parents lui ont laissé une somme d'argent considérable à la banque Gringotts. Les <u>moteurs</u> sont la **crainte** d'être pris pour quelqu'un d'autre et l'**espoir** improbable qu'il est bien le personnage de légende que tout le monde voit en lui. Le personnage sympathique et débonnaire d'Hagrid constitue une <u>force d'encouragement</u>, par l'assurance qu'il exprime quant au statut de Harry. Cette partie se clôt lorsque la baguette magique qui a choisi Harry comme propriétaire s'avère contenir une plume du même phénix que la baguette de Voldemort. Le doute n'a alors plus lieu d'être, Harry est bien un être d'exception. L'enjeu est dénoué.

- La troisième partie de l'histoire démarre au chapitre 6 (Rendez-vous sur la voie 9 3/4), et il apparaît assez vite que l'<u>enjeu</u> consiste pour Harry à se fonder une nouvelle famille à travers ses amis et particulièrement à travers les Weasley. C'est cet **espoir** qui va constituer le <u>moteur narratif</u>, la gentillesse de la famille Weasley constituant quant à elle la **force d'attraction** qui le nourrit. Le personnage effrayant et antipathique de Drago Malefoy représente une **force répulsive** en incitant Harry à se chercher des alliés. La tension dramatique de cette partie d'histoire demeure cependant assez faible, car la **peur** que l'enjeu ne se réalise pas n'est alimentée que par les conditions fantastiques dans lesquelles se déroule cet épisode.

Je vais en rester là pour cette mise en pratique du schéma des enjeux, en notant que les diverses péripéties qui composent l'histoire de Harry Potter font l'objet d'un découpage rigoureux et sont toujours conclues par des résolutions extrêmement claires.

Actions et décisions

Si les actions ou la volonté des personnages sont des composantes importantes d'un grand nombre d'histoires, elles ne sont pas pour autant indispensables à leur mécanique. C'est pourquoi le schéma conçu pour les enjeux ne fait pas appel à ces notions. Dans le début de l'histoire de Harry Potter, on remarquera que Harry ne prend aucune décision par lui-même et n'agit que poussé par les éléments extérieurs.

La passivité

La nouvelle *Bartleby*, de Herman Melville, est un cas d'école concernant la passivité : son narrateur, d'abord travailleur et consciencieux, se dérobe peu à peu à toutes les tâches que lui confie son patron, en disant qu'il « préférerait ne pas les faire ». Il finit par cesser complètement de travailler, mais aussi de sortir de son bureau, où il dort, ne mangeant rien d'autre que des biscuits au gingembre, et refusant son renvoi par son employeur. Bien entendu, sa passivité aura des conséquences sur le monde qui l'entoure, ce qui engendrera une tension dramatique. Cette histoire est hors norme dans la mesure où le lecteur en vient à douter de son enjeu principal : à quoi rime l'attitude du narrateur ?

Dans la pièce de théâtre *En attendant Godot*, de Samuel Beckett, Vladimir et Estragon attendent indéfiniment quelqu'un nommé Godot, sans jamais prendre de décisions significatives. L'inaction est le thème central de cette histoire construite, tout comme *La Chute* ou *Le Guépard* que j'ai déjà cités, sur l'incapacité des personnages à se transformer, bien que la nécessité de cette transformation soit évidente pour le spectateur. Ironiquement, *En attendant Godot* se conclut par l'échange suivant : « Alors, on y va ? » « On y va ! », tandis que ses deux personnages principaux restent finalement immobiles sur scène. L'enjeu est clairement annoncé dans le titre, mais, comme dans l'exemple précédent, il devient absurde au fil de l'histoire, troublant les sentiments du spectateur. Là encore, la tension dramatique repose sur le décalage entre l'indécision des personnages et l'attente que la situation provoque. C'est une belle démonstration de l'idée selon laquelle la transformation finale est celle qui se produit dans l'esprit du lecteur/spectateur (par les réflexions que l'histoire aura engendrées chez lui), plutôt que dans l'histoire elle-même.

Je réfute par conséquent la vision de Robert McKee ou celle de Lester Dent[35] qui présentent l'action comme une composante essentielle des bonnes histoires.

Rendre une action plausible

Si votre intrigue ou votre scénario nécessite malgré tout que certains de vos personnages s'engagent dans des actions extrêmes (comme le meurtre ou le suicide), la meilleure façon de rendre leur trajectoire plausible consiste sans doute à vous appuyer sur les <u>moteurs</u> que sont la **peur** et l'**espoir**. Sous l'emprise d'une phobie,

---

35 La « méthode » de Lester Dent, amusante par sa nature de recette simpliste, est présentée en traduction française sur le site des éditions Humanis : http://www.editions-humanis.com/lester-dent.php.

d'une panique ou d'une angoisse profonde, l'être humain est à peu près capable de tout. Un espoir insensé peut jouer le même rôle. En associant les <u>moteurs</u> aux <u>forces</u> que représentent la **haine** et l'**amour,** vous pourrez justifier n'importe quelle action de vos personnages, aussi raisonnables soient-ils. Il faudra tout de même que vous apportiez un soin particulier à la mise en place de ces <u>forces</u> et <u>moteurs</u>.

Action ou réaction ?

> « Toutes nos actions sont produites par nos passions, et elles sont toutes dirigées par nos opinions. »
>
> David Hume – *Traité de la nature humaine*

Je vous invite à vivre une aventure. Accrochez vos ceintures, ça va secouer !

Notre périple commence par une excursion dans le domaine de la philosophie. Devant nous, la route se divise en deux voies symétriques au milieu desquelles un panneau nous interroge : « Nous arrive-t-il d'agir sans raison(s) ? »

Pour que notre voyage ne s'interrompe pas tout de suite, il faut prendre une pilule rouge et choisir «Sûrement pas» L'autre voie mène à un parking où vous pourrez retourner plus tard, si vous le voulez.

Merci de m'avoir suivi! Un nouveau panneau nous interroge à nouveau «À quoi tiennent les raisons qui guident nos actions?» «À nos passions et nos opinions», répond David Hume qui cueille des marguerites au bord du chemin. «Mais quelles sont les origines de ces passions et de ces opinions?» lui demandons-nous.

«Si vous prenez de nouveau à gauche, répond David, vous vous engagez dans une approche non-déterministe aboutissant à la conviction que l'homme est libre de ses choix. Essayez de prendre à droite, c'est plus intéressant!»

David nous a bien conseillés. L'approche déterministe conclut que l'action n'existe pas au sens strict et que nous ne faisons que réagir

1. à notre environnement (tout ce qui fait notre présent);
2. en fonction de notre conditionnement (tout ce que le passé a imprimé en nous).

Cette approche est utile pour un auteur, parce qu'elle lui permet de respecter le principe de causalité (toute cause produit un effet, et tout événement a une cause) dont j'ai déjà relevé qu'il était attendu par le public (pour sa plus grande part, en tout cas), et généralement nécessaire pour que l'histoire ait un sens (même si certains auteurs, comme Lewis Caroll, ont tenté d'en repousser les limites). Plus loin dans cet ouvrage, je défendrai l'idée que le déterminisme ne suffit pas à construire des personnages intéressants, mais ne brûlons pas les étapes, explorons ce qui nous entoure.

Tandis que vous avancez, insouciant(e), cheveux au vent, admirant la complexité du monde et humant la brise agréable qui peigne les collines du conditionnement, je vous fais nonchalamment remarquer qu'au cours de la phase de confrontation et de la tension dramatique qui l'accompagne, les personnages sont fréquemment soumis à des stress émotifs, positifs ou négatifs.

Au point où nous en sommes, si vous obliquez à gauche, vous progresserez dans un paysage où les notions de stress et d'agression n'ont rien à voir l'une avec l'autre. Prenez à droite !

Nous franchissons un portail, et nous nous retrouvons dans le domaine de la psychologie sociale. Face à nous, Laurent Bègue, éminent chercheur et auteur de *L'agression humaine* nous affirme :

« La réaction à l'agression peut être classée en trois grandes catégories : la contre-attaque, la fuite et la passivité.

- La <u>contre-attaque</u> est une réaction agressive qui vise à punir ou à se défendre contre l'agresseur. Elle peut prendre différentes formes, telles que la riposte physique, les insultes ou les menaces.

- La <u>fuite</u> est une réaction non agressive qui vise à éviter l'agresseur. Elle peut prendre différentes formes, telles que la mise à distance physique, le changement de sujet ou l'évitement des situations à risque.

- La <u>passivité</u> est une réaction non agressive qui consiste à accepter l'agression sans réagir. Elle peut prendre différentes formes, telles que la soumission, le silence ou la résignation. »

Merci Laurent ! Et merci à vous, lectrice ou lecteur, de m'avoir accompagné sur ce chemin accidenté. En contrepartie, vous voilà équipé(e) pour choisir de quelle façon vos personnages vont pouvoir (ré)agir pendant la phase de confrontation.

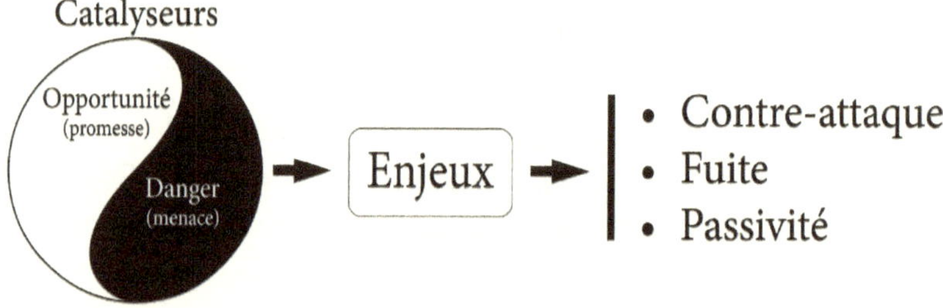

La tension dramatique et la pyramide de Freytag

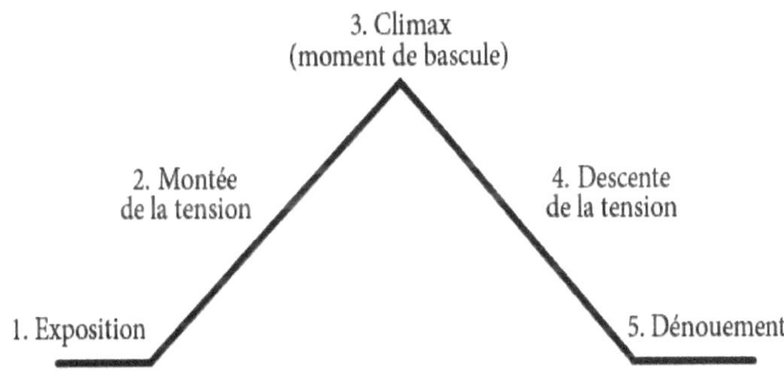

Illustration extraite de l'édition de 1876 de *Die Technik des Dramas*.

La théorie de Gustav Freytag, développée au XIXe siècle dans son ouvrage *Technique du drame* (*Die Technik des Dramas*), propose une structure d'histoire en cinq actes, organisés dans une figure que l'on désigne souvent par le nom de « pyramide de Freytag ». Cette structure résulte d'une analyse des schémas narratifs dans le contexte du drame classique.

1. <u>Exposition</u> : L'introduction de l'histoire, où les personnages, le cadre et les circonstances initiales sont établis. C'est le point de départ qui présente le monde ordinaire des protagonistes.
2. <u>Montée de la tension</u> : Une série d'événements qui intensifient le conflit et suscitent l'attention du public. Les enjeux deviennent plus clairs, et la tension narrative augmente.
3. <u>Point culminant (apogée ou climax)</u> : Le moment crucial de l'histoire, où la confrontation atteint son apogée et bascule.
4. <u>Descente de la tension</u> : La résolution des conflits initiés

précédemment. Les conséquences des actions des protagonistes apparaissent et la conclusion de l'intrigue se dessine.
5. <u>Dénouement</u> : La conclusion finale de l'histoire, où les dernières révélations sont faites, et les personnages trouvent
leur résolution. C'est la fin de la tension narrative.

La force de la théorie de Freytag réside dans sa capacité à offrir
une structure compréhensible et universelle pour les récits. Parfois
critiquée pour sa simplicité, elle est souvent remaniée de toutes les
façons possibles pour illustrer de nouvelles théories de narratologie. En voici quelques variantes :

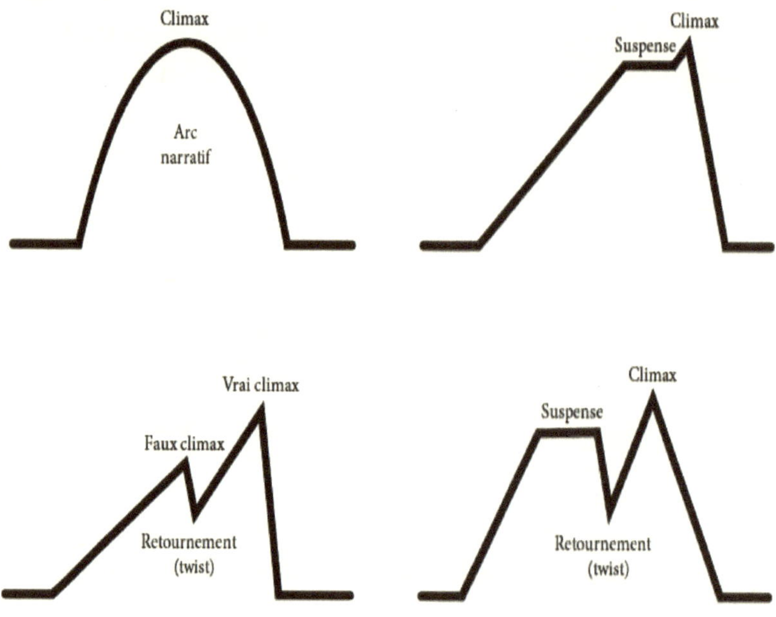

2. LA CONSTRUCTION DE L'HISTOIRE

Les versions simplifiées du schéma général

Problème ▶ solution,
ou Question ▶ réponse

Une vision très simplifiée du schéma narratif général consiste à considérer que les histoires démontrent comment les personnages trouvent des **solutions** aux **problèmes** que leur posent les situations qu'ils traversent. En d'autres termes, les personnages ont pour rôle de **répondre** aux **questions** qu'introduit l'intrigue. Cette dernière version résume assez bien l'enjeu principal de nombreuses histoires policières, par exemple.

Pression ▶ réaction

Selon cette version également binaire du schéma narratif, la situation de départ exerce une pression (positive ou négative) sur les personnages qui vont y réagir d'une façon ou d'une autre. Ou pas. Dans tous les cas, leur comportement sera édifiant pour le destinataire de l'histoire.

Équilibre ▶ Perturbation ▶ Nouvel équilibre

Cette version simplifiée en trois parties insiste sur l'idée de transformation qui doit guider la conception d'une histoire. Mais, comme je l'ai déjà montré, il arrive que la transformation ne se produise pas dans l'histoire même, mais seulement dans l'esprit du lecteur/spectateur, ce qui invalide ce schéma comme modèle universel, même s'il s'applique à de très nombreuses histoires.

Climax et catharsis

En grec ancien, «climax» (κλῖμαξ) signifie «échelle». En toute rigueur, il désigne donc la montée de la tension dramatique. Mais, en narratologie, ce terme prend généralement (à tort) le sens d'«apogée» (ἀπόγειος) c'est-à-dire «sommet». Pour rejoindre la façon dont beaucoup de théoriciens emploient ce mot, on admettra que le climax est le moment de l'histoire où la tension narrative atteint son maximum. Ce terme est souvent employé dans l'analyse des scénarios.

Le mot «catharsis» (κάθαρσις) vient également du grec ancien où il a le sens de «nettoyage, purification». Il est employé en narratologie pour désigner le point du récit où la tension dramatique s'effondre brutalement pour laisser place à une interprétation des faits. Ce terme se retrouve le plus souvent dans les analyses littéraires ou théâtrales.

Puisque mes réflexions portent sur toutes les formes d'histoires, je me sens libre d'employer ces deux termes, et il me semble même intéressant de jouer sur leurs nuances pour identifier deux moments clés de l'histoire. Le sommet de la tension dramatique peut en effet se situer juste avant la crise finale ou au milieu de celle-ci, tandis que la catharsis survient généralement à l'issue de cette crise, avec, dans la tragédie classique par exemple, la mort du personnage principal.

Étant donné les façons très diverses d'instaurer la tension dramatique et de la faire évoluer presque indépendamment de l'histoire, le climax et la catharsis ne coïncident pas nécessairement.

Résumé graphique

Il est probablement temps de présenter un résumé graphique des notions explorées jusqu'à présent :

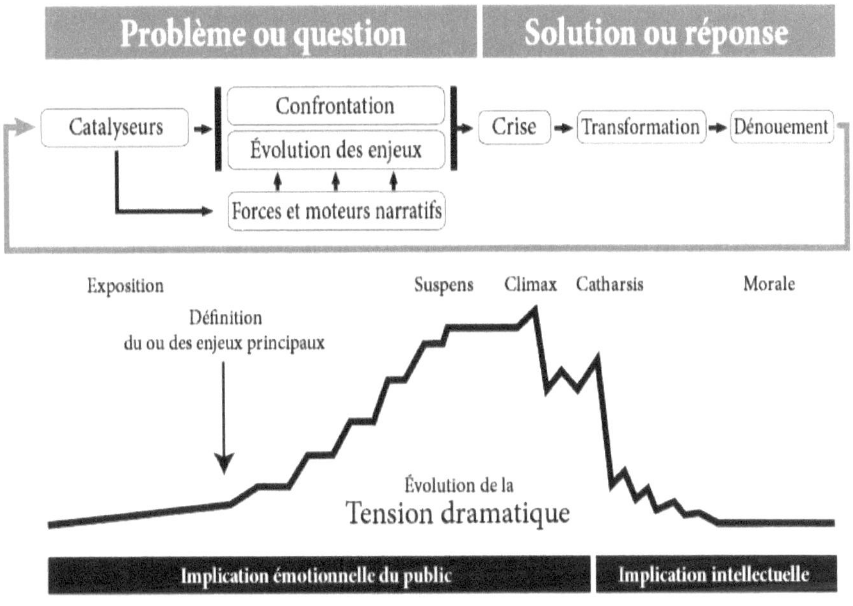

Confrontation : conflit, lutte, guerre, conquête, séduction, voyage, etc. Les protagonistes peuvent y participer de leur plein gré ou contre leur gré.

Enjeux : ils sont définis en fonction des peur(s) et des espoir(s) du/des protagonistes.

Crise : à l'issue positive ou négative.

Transformation : interne et/ou externe et/ou de statut social. Ou bien : mort ou refus de la transformation.

Le détournement des règles

À notre époque, plus que jamais, nous sommes à ce point bombardés d'histoires depuis notre plus tendre enfance, que nous en avons parfaitement intégré les schémas, même si c'est de façon inconsciente. Nos attentes sont donc clairement définies. Lorsque la caméra s'attarde quelques secondes sur un pistolet dans le coffre à gants d'une voiture, nous *savons* que ce pistolet sera utilisé plus tard dans le fil de l'histoire (à moins qu'il ne soit là que pour nous apprendre quelque chose sur le propriétaire de la voiture), car la règle veut que rien de ce qui est dit ou montré ne le soit par hasard. Dès lors, nous *attendons* de découvrir pourquoi ce pistolet était là, et si l'auteur oublie de nous le dire, il manque à son devoir ; Il ne respecte pas les conventions de la narration et risque de décevoir son public.

Le suspense est pourtant une façon de *ne pas* répondre aux attentes du lecteur/spectateur qui, une fois les enjeux posés et développés, est impatient de voir l'intrigue se dénouer. Mais nous tolérons cette petite entorse parce qu'elle est entrée dans nos habitudes. Il y a même un plaisir délicieux à se laisser promener par un auteur qui sait très bien ce que son public attend et qui le maintient dans un état de frustration pour mieux le satisfaire au moment du dénouement. Il s'agit alors d'un jeu transgressif dont le principe consiste à chatouiller les conventions narratives.

La théorie de la réception

De très nombreux chercheurs[36] se sont intéressés à ce que l'on a baptisé « la théorie de la réception », une discipline qui analyse dans

---

36 **Roland Barthes**, sémioticien et critique littéraire français, a abordé la question de la lecture et de la réception des textes dans son ouvrage *S/Z*. Il a introduit la notion de « codes narratifs » et a examiné comment les lecteurs développent des attentes en fonction de ces

quelle mesure le destinataire d'une œuvre participe à son interprétation, et même à sa construction. Car lorsqu'un auteur écrit «il posa une pomme sur la table», c'est bien l'esprit du lecteur qui imagine la couleur de la pomme et la forme de la table. De même, au cinéma, il n'arrive presque jamais que *tout* soit raconté. L'histoire comporte généralement un grand nombre d'ellipses, c'est-à-dire des coupures, des raccourcis, qu'on laisse au spectateur le soin de combler : on voit une voiture démarrer, puis arriver à destination ; inutile de filmer l'ensemble de son parcours.

Dans *Lector in fabula*, Umberto Eco nomme ce mécanisme «la coopération interprétative du lecteur». Il n'est pas absurde de considérer qu'il y a autant d'histoires définitives qu'il y a de lecteurs pour la lire ou de spectateurs pour la voir. L'histoire définitive – même au cinéma dont l'image est explicite – est toujours le produit d'une collaboration entre l'auteur et son destinataire. C'est sans doute pourquoi les conventions de la narration sont indispensables : pour que l'on puisse jouer ensemble, il faut que l'on soit d'accord sur les règles du jeu.

Bien entendu, dès lors qu'il y a des règles, il est tentant de tester leurs limites, et même de les contourner. Comme le dit Lupin III, un personnage du manga de Monkey Punch, « L'important, c'est de ne pas se faire prendre. »

---

codes. **Gérard Genette** a travaillé sur la question de la focalisation narrative et de la manière dont l'information est distribuée dans un récit, influençant ainsi les attentes du lecteur. **Wolfgang Iser**, un théoricien de la réception allemand, a développé la théorie de la réception esthétique. Il a étudié comment les lecteurs comblent les lacunes dans un texte en fonction de leurs propres expériences et attentes. **Hans Robert Jauss,** un autre théoricien allemand de la réception, a proposé la théorie de l'«horizon d'attente», qui suggère que les lecteurs lisent un texte en fonction de leurs attentes culturelles et personnelles. **Umberto Eco**, sémioticien et écrivain italien, a abordé la question des attentes du lecteur dans son ouvrage *Lector in fabula*. Il a exploré la manière dont les lecteurs anticipent et interprètent les événements d'une histoire. **David Bordwell**, théoricien du cinéma, s'est intéressé aux conventions narratives et aux attentes du public dans la construction des films.

L'important, c'est que le destinataire de l'œuvre comprenne et accepte ce que l'auteur est en train de faire. Il ne s'agit pas d'ignorer les règles, il ne s'agit pas non plus de les bafouer, il s'agit de les remodeler dans un esprit collaboratif, de refonder les bases de la narration avec le plein accord du public. Il serait donc plus juste de commencer par dire que « L'important, quand on veut contourner les règles, c'est de bien les connaître. »

L'entreprise est passionnante par l'infinité des possibilités qu'elle laisse entrevoir. Mais elle est délicate et périlleuse, car rien ne garantit que les destinataires vont accepter les nouvelles règles. D'autre part, pour ne pas les décevoir d'« entrée de jeu », il est indispensable de leur faire comprendre ce que l'on est en train de faire. Il faut beaucoup de finesse pour que cette démarche n'alourdisse pas l'histoire.

Tout le monde n'accepte pas la triche

À l'occasion des jeux de société tels que le Scrabble, le poker ou le Monopoly, nous avons tous eu l'occasion de constater que certains joueurs prennent un malin plaisir à tricher. Selon l'état d'esprit des participants, la chose est parfois acceptée avec un certain bonheur, pour peu que le groupe tout entier convienne d'une nouvelle règle : «on a le droit de tricher si personne ne s'en aperçoit». C'est rarement le cas. Il y a presque toujours dans l'assemblée un joueur qui s'insurge contre cette pratique et veut revenir à une application stricte du règlement.

L'auteur qui décide de tordre les conventions narratives doit donc en assumer les conséquences : tous les lecteurs/spectateurs n'en seront pas ravis, et l'accueil de son œuvre risque d'être glacial.

Cela n'a pas empêché certains mouvements artistiques d'explorer les possibilités d'une refondation de la narration, que ce soit au niveau de la forme ou de ses structures profondes, et de rencontrer, parfois, un certain succès. Ce fut le cas, par exemple, du «nouveau roman», dans les années 50-60, qui a permis à Alain Robbe-Grillet et à Samuel Beckett de s'illustrer par leur inventivité. La même période a connu un grand intérêt pour l'absurde, déjà précédemment employé par Franz Kafka et qui inspira la plupart des créations d'Albert Camus, tandis que le monde du cinéma se passionnait pour la «Nouvelle vague» qui expérimentait à son tour de nouvelles façons de raconter les histoires.

> «On peut réinventer chaque jour le luxe et le banal, la démesure et le commun. »
>
> *Marc Levy*
> *– Artiste, écrivain, Romancier*

Plus récemment, Robert Rodriguez et Quentin Tarantino, fins connaisseurs des règles de la narration cinématographique, se sont beaucoup amusés avec la parodie et le détournement des genres. *Une nuit en enfer*, par exemple, commence comme un *road-movie* un peu ennuyeux avant de basculer sans prévenir dans la catégorie «film de vampires». Une telle rupture ne respecte pas la convention selon laquelle un auteur doit décider du genre de son œuvre et s'y tenir ensuite.

Les conventions narratives

Il existerait donc des règles, des «conventions narratives» allant bien au-delà du schéma général que j'ai dressé, que les auteurs prudents feraient en sorte de respecter, tandis que les plus audacieux prendraient le risque d'y déroger. On y croit d'autant plus fort que les critiques ne se privent pas d'y faire référence, que ce soit pour descendre en flammes ceux qui les maltraitent ou pour encenser les acrobates qui les défient avec talent.

Dans ce cas, où peut-on trouver une liste de ces fameuses « conventions narratives » ? Pour pouvoir respecter les règles, il faut être en mesure de les connaître !

Autant que je sache, personne n'en a fait l'inventaire. Il est vrai que les conventions ont varié au cours de l'histoire et qu'elles peuvent dépendre du genre auquel on s'intéresse. À certaines époques, les tragédies devaient impérativement comporter cinq actes. À d'autres, seulement trois. Au 17e siècle, les pièces doivent se plier à la règle des trois unités (une seule intrigue, un seul lieu, une seule journée), et il faudra attendre deux siècles pour que cette contrainte disparaisse progressivement, libérant enfin l'inventivité des dramaturges.

Mais si personne ne semble vouloir dénombrer les règles qui régissent les créations modernes et contemporaines, c'est peut-être parce que l'entreprise serait trop risquée. Nul doute que l'imprudent se verrait aussitôt accusé de « ranger l'art dans une boîte[37] » et que la liste correspondante ferait polémique, tout le monde n'étant évidemment pas d'accord sur ce qu'il importe de respecter (ce serait trop beau).

---

37 Expression employée par Robert Hughes dans son livre *The Shock of the New*, pour critiquer le formalisme, une théorie artistique qui considère que l'art pictural doit être apprécié pour ses qualités formelles, telles que la composition, la couleur et le style.

       2. La construction de l'histoire

Par ailleurs, réclamer une liste de ce genre c'est déjà, en quelque sorte, briser une règle, car l'auteur est censé découvrir et comprendre les conventions narratives par lui-même. Lui mâcher le travail pourrait l'encourager à une coupable fainéantise. On exige de lui qu'il lise, encore et encore, ou qu'il complète sa connaissance filmographique, encore et encore, jusqu'à avoir parfaitement intégré (entre autres choses) ces fameuses conventions avant de se prétendre auteur.

> « Si vous voulez devenir écrivain, il y a deux choses que vous devez faire davantage que les autres gens : lisez beaucoup et écrivez beaucoup.
> Si vous n'avez pas le temps de lire, vous n'avez pas le temps – ni les outils – pour écrire.
> C'est aussi simple que ça. »
>
> Stephen King – *Écriture : Mémoires d'un métier*

En tant qu'éditeur, mille pardons, je ne peux qu'appuyer là où ça fait mal : on ne devient pas un bon écrivain avant d'avoir lu quelques milliers de livres, comme je suppose qu'on ne devient pas un bon scénariste (ou un bon réalisateur) sans avoir visionné des milliers de films. Que cela vous convienne ou non n'y change rien, c'est un passage obligé.

Par ailleurs, la liste des conventions narratives est infinie et personne ne pourra jamais la dresser, si l'on devait y inclure l'ensemble des subtilités qui régissent l'écriture d'une histoire. S'il ne fallait en retenir qu'une, alors ce serait sans doute que l'auteur doit répondre aux attentes du public, à moins de jouer intelligemment avec elles.

Sur la question des attentes, on peut s'appuyer sur le travail de Wolfgang Iser (dans *L'acte de lecture, Théorie de l'effet esthétique*) ou sur ceux de Roman Jakobson (*Six leçons sur le son et le sens*) ou d'Umberto Eco (dans *Lector in fabula*). Ces auteurs en distinguent deux catégories :

- <u>Les attentes implicites</u> sont celles que le public a, sans même en avoir conscience. Elles sont fondées sur ses connaissances et ses expériences préalables à la réception de l'œuvre. Par exemple, un lecteur qui a déjà lu des romans policiers s'attendra à trouver un coupable, une enquête, et une résolution. On peut détailler les principales attentes implicites comme suit :

- ○ **L'attente de cohérence** : Le récit doit être cohérent et logique. Si vous inventez des règles particulières à un univers magique, il est essentiel que tout ce qui s'y passe s'y conforme fidèlement. Si vous attribuez un caractère particulier à l'un de vos personnages, toutes ses actions et réactions devront être en accord avec son profil. Etc.

- ○ **L'attente de clarté** : Le récit doit être clair et compréhensible. Cette règle simple à énoncer s'avère ardue à respecter, car l'auteur qui connaît son histoire par cœur aura toujours du mal à estimer les besoins en information du public qui la découvre. Trop expliciter peut se révéler ennuyeux en donnant le sentiment qu'on sous-estime le lecteur/spectateur ou en l'enfermant dans une interprétation des événements qui restreindront sa liberté. Ne pas expliciter suffisamment peut rendre des pans entiers de l'histoire obscurs au point de peser sur l'ensemble. Cette question demande une réflexion permanente et une extrême attention de la part de l'auteur.

- ○ **L'attente d'intérêt** : Le récit doit être intéressant et captivant. Dans ce qui suit, je reviendrai à plusieurs reprises sur la question de l'implication du public dans l'histoire, autant du point de vue émotionnel qu'intellectuel, en insistant sur le fait que l'auteur doit tout mettre en œuvre pour encourager la participation du lecteur/spectateur en répondant à ses attentes d'*émotion*, de *réflexion* et de *plaisir*.

- Les attentes explicites sont liées à des éléments que l'auteur place volontairement dans le début de l'histoire, comme un pistolet dans une boîte à gants, en sachant que son public voudra découvrir à quoi ce pistolet va finalement servir. Les sémioticiens nomment ces éléments « indices de préfiguration », mais les expressions « hameçons narratifs » ou « amorces narratives » seront peut-être plus parlantes pour vous.

Carnet de triche

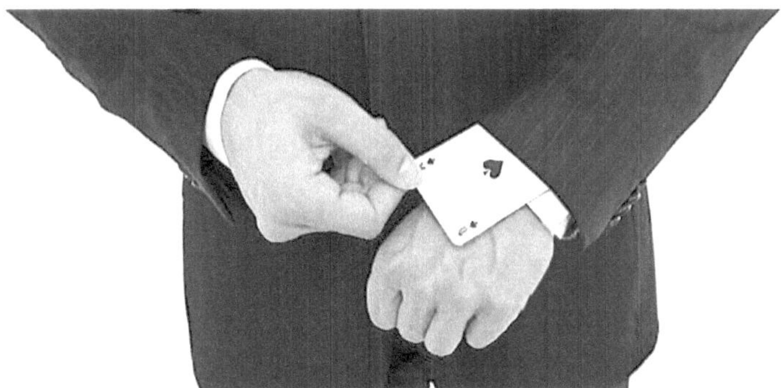

Tenter de voir comment certains auteurs ont joué avec les règles peut être une façon amusante de passer les plus courantes en revue. Lorsque leur liberté n'a pas condamné leurs œuvres à l'oubli, elle a parfois posé les bases de nouvelles formes de narration qui ont marqué nos cultures et sont désormais tolérées, quand elles sont habilement employées.

La parodie et l'exagération

L'une des règles générales de la narration est définie par ce qu'on appelle souvent le « pacte de crédibilité » ou le « contrat de lecture », qui va de pair avec la « suspension consentie de l'incrédulité[38] ».

Ce pacte repose sur la confiance entre l'auteur et le public. L'auteur s'engage à créer un monde cohérent et plausible, tandis que le public accepte de jouer le jeu et de prendre pour argent comptant les éléments de l'histoire, même s'ils sont fantastiques, irréels ou contraires à la réalité. Cette suspension volontaire de l'incrédulité est essentielle pour permettre au lecteur/spectateur de s'immerger dans l'histoire et de s'engager émotionnellement avec les personnages et les événements.

Le pacte de crédibilité peut être rompu si l'auteur introduit des ingrédients qui vont à l'encontre des règles établies dans l'univers

---

38   On pourra lire, par exemple, *L'acte de lecture: théorie de l'effet esthétique*, de Wolfgang Iser, pour approfondir cette question.

fictionnel ou qui semblent incohérents. Cela peut entraîner une perte de la suspension de l'incrédulité de la part du public, perturbant ainsi son engagement dans l'histoire.

C'est avec ce pacte que la parodie va pourtant s'amuser en proposant des éléments grotesques qui appartiennent le plus souvent au registre des clichés et qui, tout en faisant mine d'obéir aux représentations habituelles, sont exagérés au point de devenir absurdes ou ridicules. Le jeu de connivence qui s'établit alors avec le public peut se résumer à la phrase «je sais que tu sais». Bien que l'auteur fasse vaciller le pacte de crédibilité, il séduit le public en l'invitant à identifier les clichés et les tournures de style les plus souvent utilisées dans les histoires contemporaines. Depuis le film *Alien* qui faisait sursauter le spectateur par l'image d'un chat effrayé jaillissant d'un endroit sombre à un moment de suspense particulièrement intense, nombreux sont les films parodiques qui emploient la figure du chat comme faux climax. Il suffit désormais de faire jaillir non pas un chat, mais une dizaine de chats miaulant tour à tour leur frayeur, pour entrer dans le registre de la parodie.

L'ironie retournée

L'ironie dramatique est un dispositif narratif dans lequel le public a une compréhension de la situation ou du dénouement d'une histoire que les personnages eux-mêmes ne possèdent pas. Cela crée un contraste frappant entre ce que les personnages croient être vrai et ce que le public sait être réel. Cette figure est souvent utilisée pour susciter des réactions émotionnelles allant de la sympathie à la tension ou à l'humour.

L'ironie se retourne lorsqu'il s'avère que la vision des personnages est finalement plus juste que celle que l'auteur a encouragée dans l'esprit du lecteur/spectateur. Ce dernier se sent alors pris au piège, ce qu'il peut ne pas apprécier. Lorsqu'elle est involontaire, l'ironie retournée peut être considérée comme une maladresse de l'auteur. Mais, lorsqu'elle est pratiquée avec habileté, elle peut avoir un effet comique ou tragique très puissant.

À la fin de la pièce *Roméo et Juliette*, le public s'imagine voir les choses avec plus de justesse que Roméo, lorsque ce dernier découvre Juliette dans le tombeau familial, faussement décédée (elle est seulement endormie). À ce stade, nous sommes encore dans le cadre d'une ironie dramatique traditionnelle dans laquelle le public peut espérer une fin heureuse sur la base de ce qu'il sait et que Roméo ignore : Juliette n'est pas vraiment morte. Mais en se suicidant à cause de son désespoir, Roméo transforme sa vision des choses en réalité. Juliette se réveille et, voyant Roméo mort, se suicide à son tour. L'ironie se retourne alors contre l'espoir du public, provoquant un effet tragique considérable.

Le narrateur non fiable

Le principe du narrateur non fiable est une forme particulière d'ironie retournée dans laquelle l'auteur joue avec le pacte de crédibilité. Il consiste à faire raconter l'histoire par un personnage dont la fiabilité s'avère incertaine, amenant le public à ne plus savoir à quoi il doit croire, ou bien l'amenant à constater que tout ce qu'on lui a raconté depuis le début est incomplet ou mensonger.

Le premier grand succès d'Agatha Christie, en 1926, le met brillamment en pratique. *Le Meurtre de Roger Ackroyd* est une enquête d'Hercule Poirot racontée par le docteur Sheppard. À la fin de l'enquête, on découvre que c'est le narrateur, Sheppard lui-même, qui est le meurtrier et qu'il a évidemment omis d'inclure ce qui pouvait le compromettre dans sa version du récit.

Le long métrage *Usual suspects* est une autre application magistrale de la même idée. Toute l'histoire est racontée du point de vue d'un témoin interrogé dans un poste de police. À la fin du film, on comprend que ce témoin n'est pas ce qu'il prétend être, et que l'ensemble de son récit est pour le moins douteux. Il pourrait bien être le Keyser Söze dont il affirme avoir été la cible innocente. L'idée brillante du scénariste Christopher McQuarrie a consisté à rendre les policiers victimes du stratagème du témoin. Ainsi, la frustration que le spectateur peut ressentir quand il constate qu'il s'est fait berner est atténuée par le fait qu'il n'est pas seul dans ce cas.

L'absurde et le réalisme magique

L'absurde et le réalisme magique sont deux autres façons de jouer avec les limites du pacte de crédibilité.

Dans la première, dont le nom parle de lui-même, l'histoire impose fréquemment à son public d'admettre des événements improbables qui semblent défier la raison ou la causalité. Ce principe va à l'encontre de la convention selon laquelle tous les éléments d'une histoire doivent être logiques et porteurs de sens. L'objectif est souvent d'imiter la complexité du réel dans ce qu'il peut avoir de plus inexplicable. Il peut également viser un effet comique ou un effet de surprise.

> « L'homme est absurde par ce qu'il cherche, grand par ce qu'il trouve. »
>
> Paul Valéry
> – *Correspondance : 1890-1942*

Joseph Grand, un personnage de *La Peste*, de Camus, aspire à devenir écrivain. Il travaille sans relâche sur un roman qu'il est incapable de terminer. Obsédé par la perfection, il ne cesse en vérité de réécrire sa première phrase « Par une belle matinée de mai, une svelte amazone, montée sur une superbe jument alezane, parcourait les allées fleuries du bois de Boulogne. », dans l'espoir de la rendre parfaite. Cette idée que l'on trouve déjà avec le personnage de Jourdain dans *Le Bourgeois gentilhomme* (« Belle marquise, vos beaux yeux me font mourir d'amour. »), confine à l'absurde par l'extrémisme des comportements décrits. Elle n'en évoque pas moins plusieurs concepts, comme celui du mythe de Sisyphe ; Et, pour être très improbable, elle écorne à peine la limite de ce qu'il est possible de croire.

Avec le réalisme magique, un ou plusieurs éléments franchement difficiles à admettre sont placés au milieu d'un univers qui, pour le reste, fonctionne de façon parfaitement normale. On demande alors à l'esprit du lecteur/spectateur de faire le grand écart entre deux pactes de crédibilité très différents.

La nouvelle *Un vieux monsieur avec de grandes ailes* (*Un señor muy viejo con unas alas enormes*), du colombien Gabriel García Márquez, met en scène un ange qui atterrit dans un village côtier. Au lieu de susciter l'admiration ou la vénération, l'ange est considéré comme une curiosité et se retrouve enfermé dans une cage. L'utilisation du réalisme magique, une caractéristique fréquente dans les œuvres de García Márquez, permet à l'auteur de mêler le surnaturel à des éléments quotidiens, créant ainsi un monde où les frontières entre le réel et le fantastique s'estompent.

L'abstention

> « Parle si tu as des mots plus forts que le silence, ou bien garde le silence. »
>
> Euripide – *Fragments*

Dans les chapitres précédents, j'ai déjà fait remarquer que le dénouement du récit, qui comportait autrefois une morale très explicite dans les fables et les contes classiques, tend de plus en plus à s'abréger, laissant le lecteur/spectateur décider par lui-même du sens qu'il veut donner à l'histoire. Nous avons également vu que le récit pouvait directement démarrer dans la phase de confrontation, en semblant omettre l'exposition qui sera, en réalité, intégrée progressivement.

Ces formes d'abstention peuvent aller plus loin à travers les variantes de ce que l'on appelle les « fins ouvertes ». Lors du visionnage du film *Le monde après nous*, de Sam Esmail, beaucoup de spectateurs sont restés perplexes devant une fin qui survient de façon impromptue, alors que beaucoup des questions soulevées n'ont pas été résolues. En première vision, ce scénario peut donner l'impression que l'histoire s'interrompt au beau milieu de la phase de confrontation, omettant la crise, la transformation et le dénouement. En vérité, toutes les bases de ces phases ultérieures ont été posées de manière si solide et si évidente que le scénariste a décidé qu'il était inutile de les développer. Bien que l'on ne voie pas les personnages s'installer dans le bunker qu'ils sont sur le point de découvrir à la fin de l'histoire, on devine sans peine ce qui va se passer, et l'on dispose déjà de tout ce qui est nécessaire pour en tirer les conclusions.

Les histoires ayant une fin ouverte divisent souvent le public dont une part se prend au jeu et parvient à construire la partie manquante du récit, tandis que l'autre n'y parvient pas ou n'a pas envie de s'y atteler. Leur avantage est qu'elles n'enferment pas le lecteur/spectateur dans une interprétation rigide des événements racontés. Pour qu'une telle histoire soit largement appréciée, il est toutefois essentiel que le thème abordé ait été l'objet d'une exploration profonde pendant la confrontation, de sorte à nourrir abondamment les réflexions du public avant de l'abandonner, une fois la chose faite. Il me semble aussi que l'enjeu principal doit être d'une clarté limpide, même s'il n'est pas résolu.

Au registre de l'abstention, on peut également inscrire les auteurs qui font mine d'ignorer les principes des enjeux et de la tension dramatique. Dans la plupart de leurs histoires, Charles Bukowski et Michel Houellebecq, par exemple, semblent considérer que ce sont des « trucs de naze ». Les séquences de leurs récits s'enchaînent sans que l'histoire ne progresse vraiment, comme si l'on explorait une maison, pièce par pièce (ou un immeuble, appartement par appartement, comme Georges Perec dans *La vie mode d'emploi*), en ne suivant que le fil conducteur du thème, c'est-à-dire du sujet principal de l'histoire. C'est aussi ce que l'on peut dire de *À la recherche du temps perdu*, de Proust, qui explore inlassablement l'intériorité du narrateur sans proposer d'enjeu ni de chemin clairement déterminé.

Il faut un thème puissant associé à beaucoup de talent pour maintenir l'intérêt du lecteur dans ces conditions. Ces auteurs prouvent que la chose est possible, et le succès de leurs productions démontre que le public n'est pas nécessairement hostile aux entreprises de ce genre. Bukowski et Houellebecq prennent cependant grand soin de placer un élément de surprise ou une affirmation choquante toutes les deux pages, tandis que Perec emploie l'humour, l'absurde et la poésie, pour viser le même effet.

En littérature, on pourra également s'intéresser aux romans de Milan Kundera et aux nouvelles de Gabriel García Márquez, et au cinéma, aux films de David Lynch, Terrence Malick, Charlie Kaufman et Jean-Luc Godard, par exemple. Tous ces auteurs sont passionnants par les trésors d'inventivité qu'ils déploient pour susciter et conserver l'intérêt du public sans recourir (ou en recourant très peu) à la tension dramatique. Il y a là une forme d'élégance, sans le moindre doute.

L'intrigue

J'ai parfois utilisé le terme d'intrigue dans ce qui précède, sans avoir pris la peine de le définir. Étant donné qu'il n'y a pas de consensus sur le sens précis de ce mot, même s'il est tout de même évocateur (intriguer le public, c'est l'amener à se poser des questions), je vais vous proposer ma façon de voir.

L'intrigue, selon moi, c'est le parcours d'un enjeu depuis sa naissance jusqu'à son dénouement. En bref, c'est quasiment la même chose que ce que j'appelle simplement « une histoire », excepté le fait qu'une intrigue n'est pas forcément pourvue d'une crise et d'une transformation. L'enjeu se forme, il évolue et trouve sa conclusion. Peu importe comment cette conclusion est mise en scène : quand l'enjeu est clos, l'intrigue est close.

Pour illustrer à quoi peut servir cette conception simplifiée de l'histoire que je fais ainsi correspondre au terme d'« intrigue », je vais évoquer des schémas comportant plusieurs intrigues superposées. Il y en a un que j'aime particulièrement et qui consiste à élaborer une intrigue d'exposition.

2. La construction de l'histoire

L'intrigue d'exposition

L'exposition, nous l'avons déjà vu, c'est la présentation des personnages et la mise en place du contexte. J'ai fait remarquer que cette phase comporte souvent peu d'intérêt pour le public parce qu'il n'a encore aucune idée de là où l'auteur veut aller. L'une des astuces permettant d'éviter qu'il s'ennuie durant cette phase consiste à la doter d'une petite intrigue très simple qui ira de IA à IB et qui fera naître très vite une tension dramatique. Au moment PA, qui verra démarrer l'intrigue principale, une bonne partie de l'exposition aura été faite, grâce à ce qui se sera passé pendant l'intrigue d'introduction. Quand celle-ci se terminera en IB, l'intrigue principale aura déjà pris le relais.

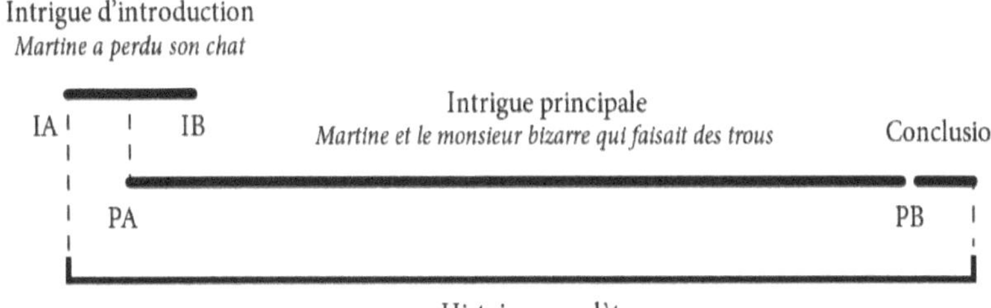

Pour illustrer cet exemple, je vais vous proposer le synopsis d'une histoire irrésistiblement palpitante qui s'intitule *Martine et le monsieur bizarre qui faisait des trous*. Avec un titre pareil, je suis certain de remporter le Goncourt, quel que soit le contenu de l'histoire. Le « monsieur bizarre qui faisait des trous » sera l'intrigue principale de mon chef-d'œuvre. Le premier chapitre qui comporte l'intrigue d'introduction a pour titre « Martine a perdu son chat ». Voilà encore un titre particulièrement accrocheur qui retiendra à coup sûr l'attention du public. Tout le monde aime les chats, non ? Ce titre a surtout l'avantage de ne nécessiter presque aucune exposition : l'enjeu qui consiste à retrouver le chat est implicite ; Martine peut être blonde ou brune, avoir 12 ans ou 72 ans ; le chat peut s'appeler Maxime ou Minou, on s'en fiche. On comprend qu'il faut le retrouver.

Le scénario commence par « Martine adore son chat. Elle court depuis plus d'une heure pour le retrouver, car elle ne l'a pas vu depuis son réveil. Elle est tout essoufflée. » Comme cela, on est directement dans une action et la tension dramatique est installée dès le début, ce qui donne à mon histoire la puissance d'un thriller. La <u>force</u> de l'enjeu est installée par la phrase signalant que Martine adore son chat. La **menace** (implicite), c'est qu'il lui soit arrivé quelque chose de grave. La **promesse** consiste à le retrouver. Les <u>moteurs</u> de l'action (**peur** et **espoir**) sont clairs. Voilà un enjeu parfaitement constitué qui prend place dès les premières lignes, comme les scénaristes d'Hollywood conseillent de le faire. Avouez que vous tremblez déjà pour le chat de Martine et que vous êtes terriblement impatient de connaître la suite !

Pendant que Martine cherche son chat, elle va parcourir son quartier, ce qui nous permettra de faire connaissance avec ses voisins et d'avoir une idée générale de l'endroit où elle vit. On en profite par conséquent pour faire l'exposition des éléments de l'histoire principale. Entre autres péripéties qui animeront cette première partie du récit, Martine va passer devant un terrain vague au moment PA. Là, elle apercevra un monsieur bizarre en train de creuser un trou dans le terrain vague, ce qui représente le début de notre intrigue principale. Puis elle continuera ses recherches et trouvera le chat au moment IB. Après lui avoir fait un câlin, elle se mettra à enquêter pour savoir qui peut bien être ce monsieur bizarre et pourquoi il creuse un trou.

Génial, non ? Vous trouvez ça un peu plat ? Je vois que j'ai affaire à un public exigeant. Mais soit, je vais ajouter une petite crise au passage, histoire de faire monter la mayonnaise. Notez bien que cela n'a rien d'indispensable : le dispositif de l'intrigue d'introduction fonctionne très bien sans aucune crise. Mais je vous aime bien, même si vous exagérez un peu, étant donné que je fais tout ça gratuitement.

Juste avant le moment IB où elle retrouve son chat, Martine aperçoit un animal mort sur le côté de la route. Elle panique, craignant qu'il ne s'agisse de son chat. Mais non ! C'est un pauvre renard qui a la même couleur que son chat qui s'est fait écraser. C'est terrible ! À ce moment-là, son chat qui était dans le jardin du voisin se met à miauler. Ouf ! Il est sain et sauf !

Et comme je suis génial, je vais profiter de cet ajout pour entremêler davantage les deux intrigues : après avoir retrouvé son chat, notre brave petite Martine fait en sorte de relancer la tension dramatique en ramenant l'attention du public sur l'énigme du monsieur bizarre : elle retourne derechef près du terrain vague où elle l'a vu. Il est toujours en train de creuser. C'est vraiment très bizarre ! Elle examine les environs et repère une voiture qui n'est pas garée là d'habitude. Elle s'en approche et constate qu'il y a du sang et des poils roux sur le parc-choc avant. Elle se persuade aussitôt que cette voiture est celle du monsieur bizarre et que c'est lui qui a écrasé le renard. L'a-t-il écrasé volontairement ?

Je vous sens fébrile ! Et bien, vous savez quoi ? Je vous offre ce début d'histoire ; Faites-en ce que vous voulez. À vous le Goncourt, la gloire et la richesse. Moi, j'ai une femme que j'aime et qui m'aime et cela me suffit pour être heureux. Ou bien j'inventerai une autre histoire. Mon génie inépuisable ne demande qu'à produire des chefs-d'œuvre en série.

Juste avant de passer à autre chose, je vous fais remarquer que dans la partie de l'histoire qui se situe entre PA et IB, on cumule deux tensions dramatiques : le chat n'a pas encore été retrouvé et l'on se demande déjà qui est ce monsieur bizarre et pourquoi il creuse un trou. C'est l'un des avantages des intrigues superposées.

Autres superpositions

Les propositions qui suivent sont purement gratuites, elles aussi. Elles ne figurent là que pour montrer qu'on peut construire sa structure et faire sa cuisine comme on veut :

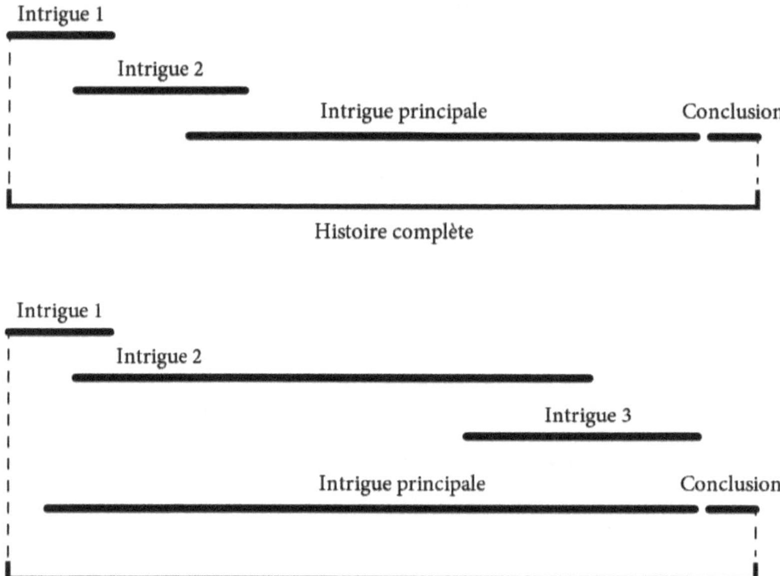

2. LA CONSTRUCTION DE L'HISTOIRE

Comment écrire une bonne histoire ?

À ce stade, nous avons surtout réfléchi à la *nature* de l'histoire et à la manière de la construire. Mais tout cela ne dit pas comment faire en sorte que l'histoire soit bonne et qu'elle captive son public. La question est si vaste que je ne prétendrai évidemment pas pouvoir y répondre de façon exhaustive, mais cela ne m'empêchera pas de la creuser, en espérant trouver un trésor ou un cadavre exquis[39].

J'ai fait remarquer plus haut que si l'essai se cantonnait au monde des idées, l'histoire n'a pas de raison d'être sans les émotions qu'elle se doit de susciter. Cela ne signifie pas que les histoires n'abordent pas des idées parfois très originales. Le lecteur/spectateur en attend une double satisfaction, et l'auteur qui veut le séduire doit s'attacher à le faire réfléchir autant qu'à l'émouvoir.

Ce constat m'a amené à concevoir le tableau qui va suivre. On pourra décider que certains blocs placés dans la partie « Implication émotionnelle » trouveraient mieux leur place dans la partie « Implication intellectuelle » ou vice-versa. Et, sans aucun doute, on estimera que certains paramètres essentiels à l'écriture d'une bonne histoire ont été oubliés. C'est en tout cas mon espoir : que ce graphique vous encourage à en construire un autre qui vous correspondra mieux.

Du point de vue intellectuel, j'aime l'idée que l'objectif principal consiste à montrer au public quelque chose qu'il ne voyait pas ou ne savait pas. Nul besoin d'aller chercher très loin : si cette chose est commune et banale, si tout le monde l'a sous les yeux sans

---

39 Le cadavre exquis est un jeu graphique ou d'écriture collective inventé par les surréalistes, en particulier Jacques Prévert et Yves Tanguy, vers 1925.

parvenir à la voir, alors l'auteur aura accompli un exploit. Avec son histoire de madeleine[40], Proust a brillamment relevé ce défi. Avant lui, personne ne s'était intéressé à la façon dont certains souvenirs jaillissent en nous à l'improviste, réveillés par un goût ou une odeur que nous pensons ordinaires et qui sont pourtant dotés de ce pouvoir magique.

Un tel objectif demande à l'auteur de porter une attention toute particulière au monde qui l'entoure et d'y traquer l'improbable ordinaire, la banalité extraordinaire et les assemblages et conséquences inattendus du quotidien.

Du point de vue de l'émotion, il s'agit de distraire, d'amuser, de faire pleurer, de choquer, de surprendre ou d'offrir une évasion. Mais qu'on ne s'y trompe pas : même quand l'histoire invite le public dans une galaxie très lointaine où à l'époque des T-Rex, c'est toujours l'ici et maintenant qu'elle évoque. La distance apparente entre son contexte et notre quotidien lui permet de prendre du recul et de regarder autrement les problèmes et passions très ordinaires qui agitent notre société. Pour concerner le lecteur/spectateur, l'histoire doit parler de lui et du monde dans lequel il vit. Un combat entre l'empire des Skreuls et celui des Grumphs ne présente d'intérêt que si le public est rapidement capable d'associer les Skreuls et les Grumphs à des factions quelconques de l'humanité dont les destinées lui semblent importantes.

---

40 Dans *À la recherche du temps perdu.*

2. La construction de l'histoire

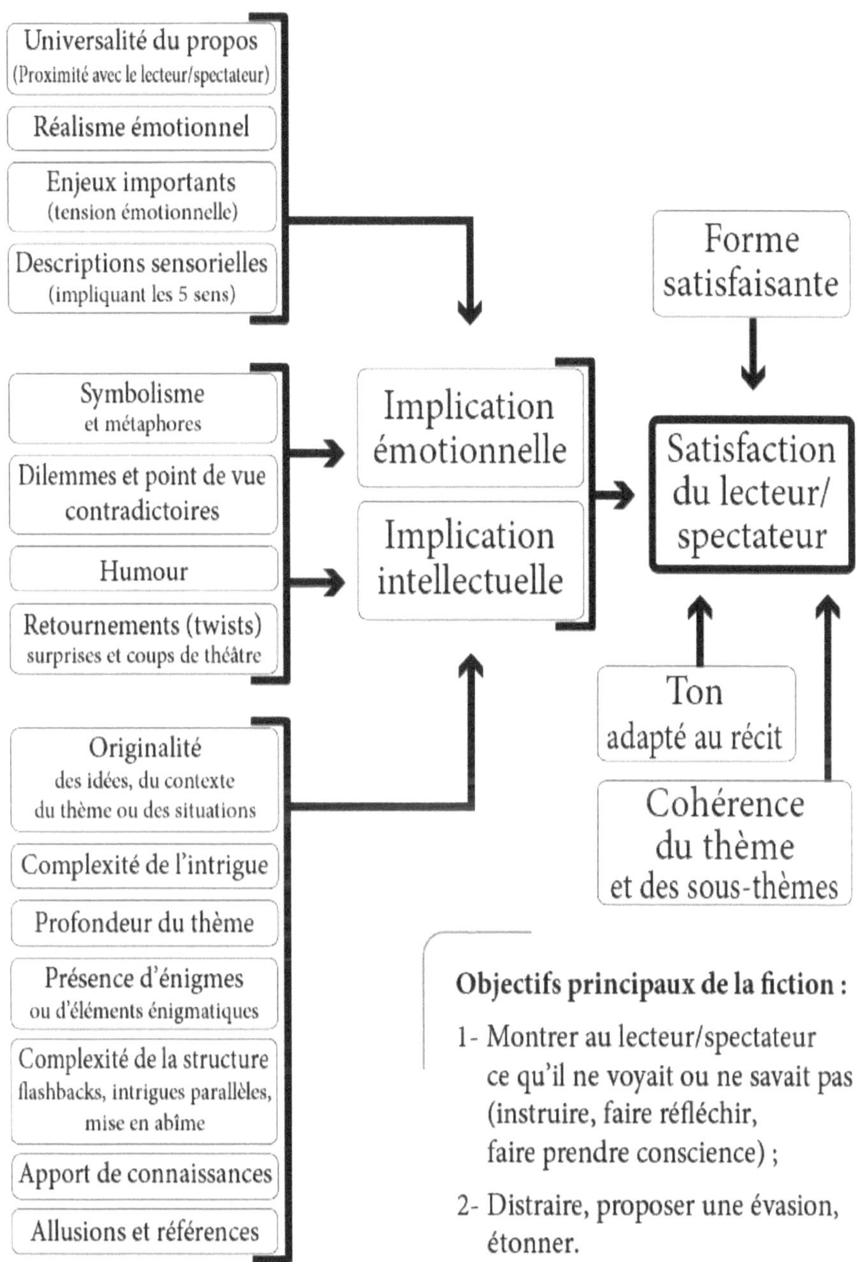

Objectifs principaux de la fiction :

1- Montrer au lecteur/spectateur
ce qu'il ne voyait ou ne savait pas
(instruire, faire réfléchir,
faire prendre conscience) ;

2- Distraire, proposer une évasion,
étonner.

La double implication (le Graal)

Commençons par le dessert : voyons les concepts capables de faire d'une pierre deux coups en apportant au public une double satisfaction intellectuelle et émotionnelle. Pas de chance, hélas : ce sont sans doute les plus difficiles à mettre en œuvre !

- **Le symbolisme et les métaphores** :

Le symbolisme et les métaphores peuvent être utilisés pour créer une atmosphère poétique et rêveuse, encourager l'imagination du lecteur/spectateur et exprimer des réalités invisibles, telles que les émotions, les idées ou les rêves. Ils sont également en mesure de combiner des niveaux de signification multiples qui vont solliciter la réflexion.

L'image d'un arbre solitaire, par exemple, peut évoquer la solitude, la tristesse ou la force. Un miroir pourra être associé à des questions sur la nature de l'identité ou de la réalité, tandis qu'un labyrinthe pourra représenter la complexité de la vie ou du destin.

Voici quelques autres symboles très fréquemment rencontrés : le rouge est souvent utilisé pour évoquer la passion, l'amour ou la violence ; l'eau pour la vie, la mort, les émotions ou le changement ; l'oiseau pour la liberté, l'espoir ou l'âme ; le feu pour la colère et la destruction, etc.

Parmi les dangers guettant l'auteur figurent, entre autres, le manque de cohérence ou la juxtaposition qui, pour les métaphores, peut produire des résultats tels que « Il a pris le taureau par les cornes en décidant de décrocher la lune ». On peut évidemment utiliser ce procédé pour engendrer un effet comique ou amusant comme dans « Il avançait comme une machine, en espérant que personne n'allait mettre un doigt dans l'engrenage. » Mais ce genre de combinaison ne doit être tenté que si vous êtes sûr de vous. Dans la même idée, si vous choisissez le symbole de l'oiseau pour représenter la liberté, ne l'associez pas à l'espoir dans la page qui suit, ou vos lecteurs risquent d'être perdus.

L'ambition d'employer la symbolique me semble toutefois méritée : la plupart des grandes œuvres en tirent un formidable bénéfice, car c'est l'outil idéal pour inviter le public à construire ses propres interprétations de ce qui est raconté. Est-il besoin de dire qu'il adore cela ?

- <u>Les dilemmes et points de vue contradictoires</u> :

Les dilemmes d'un personnage peuvent avoir l'effet de solliciter fortement la réflexion du public tout en l'invitant à éprouver de la compassion pour celui qui doit l'affronter. Les points de vue contradictoires permettent d'exposer un sujet sous plusieurs angles tout en étant le prétexte éventuel d'un conflit entre des personnages.

- <u>L'humour</u> :

L'humour fait pardonner beaucoup de choses telles qu'une intrigue trop faible ou un scénario peu crédible. Il est capable d'engendrer un effet de surprise, d'alléger une atmosphère trop lourde, ou d'encourager l'empathie et la sympathie du lecteur tout en l'invitant parfois à réenvisager ses points de vue. Il bien dommage qu'il soit si difficile à mettre en œuvre.

> « L'humour est une tentative pour décaper les grands sentiments de leur connerie. »
>
> Raymond Queneau
> – *Journal*

- <u>Les rebondissements, retournements, surprises et coup de théâtre</u> :

Tous les éléments apportant de la surprise sont généralement bienvenus dans une histoire. Ils réveillent le lecteur ou le spectateur qui aurait tendance à s'endormir, peuvent remettre ses idées en cause et provoquent naturellement des émotions. Je consacrerai l'un des chapitres suivants aux rebondissements et aux retournements pour détailler ces deux techniques particulières.

L'implication émotionnelle du lecteur

- <u>L'universalité du propos</u> :

Le public ne s'intéresse qu'aux histoires qui le concernent d'une façon ou d'une autre. Rares sont les réussites telles que celle d'Harry Potter qui, bien que mettant un enfant au centre de son récit, parvient à passionner des adultes. À moins d'opter volontairement pour le dépaysement, l'auteur s'arrange en général pour choisir des personnages, un contexte et un thème proches du public qu'il espère séduire. Dans tous les cas, l'enjeu doit être suffisamment universel pour permettre l'implication d'un grand nombre de lecteurs/spectateurs.

- <u>Le réalisme émotionnel</u> :

Si les personnages réagissent de façon irrationnelle et manifestent des émotions qui ne sont pas clairement motivées, l'histoire est en danger. Écrire « elle était triste », ou se contenter de mettre en image une femme qui essuie ses yeux d'un mouchoir ne suffit généralement pas à entraîner l'empathie du public. Ce résultat demande beaucoup d'efforts à l'auteur qui devra s'employer à faire évoluer l'émotion par degrés, en veillant scrupuleusement au réalisme de son montage.

- <u>L'importance des enjeux</u> :

J'ai déjà évoqué le sujet des enjeux qui représentent un levier très puissant pour susciter de l'émotion dans le public. Pour viser l'effet maximum, construisez votre enjeu comme un dilemme, et faites-en un enjeu moral, plutôt que social ou psychologique.

- <u>La nature sensorielle des descriptions</u> :

Qu'importe de savoir si nous avons cinq sens, ou bien six ou sept. N'en restez pas seulement aux descriptions visuelles et imitez Camus dans *L'Étranger* :

> « Sur la plage, je me suis étendu à plat ventre près de
> Masson et j'ai mis ma figure dans le sable. Je lui ai
> dit que "c'était bon" et il était de cet avis. Peu après,
> Marie est venue. Je me suis retourné pour la regarder
> avancer. Elle était toute visqueuse d'eau salée et elle

> tenait ses cheveux en arrière. Elle s'est allongée flanc à
> flanc avec moi et les deux chaleurs de son corps et du
> soleil m'ont un peu endormi. »

La « figure dans le sable » vient subtilement solliciter le sens du toucher, pour peu que le lecteur imagine la situation ; « visqueuse d'eau salée » fait un double appel au goût et au toucher avec la même délicatesse. La chaleur des corps et du soleil vient compléter ce tableau dont les évocations dépassent largement ce qui est visible.

L'implication intellectuelle du lecteur

* <u>L'originalité des idées</u> :

Gérard Klein dit sans doute les choses mieux que je ne saurais le faire :

> « Il faut à l'histoire une idée raisonnablement originale,
> mais pas trop peut-être, si tant est qu'une idée puisse
> être trop originale, ce dont je doute.
> Et que cette idée, dans son développement, demeure
> suffisamment vraisemblable pour ne pas solliciter
> exagérément la crédulité du lecteur. »
>
> Gérard Klein – N° 11 de la revue Nous les martiens

* <u>La complexité de l'intrigue</u> :

Comme pour l'idée, et pour tout ce qui concerne l'implication intellectuelle du lecteur, il en faut un peu sans en faire trop. Dans *La Vérité sur l'affaire Harry Quebert*, Joël Dicker accomplit la prouesse extraordinaire de placer trois retournements successifs (*twists*) dans les dernières pages de son roman. La démonstration de virtuosité est indiscutable, bien que l'effet soit rendu légèrement indigeste par son excès. L'auteur fait évidemment ce qu'il veut, mais il me semble plus pertinent d'investir son énergie dans la partie émotionnelle de l'œuvre plutôt que de se lancer des défis intellectuels de ce genre. Les lecteurs/spectateurs qui veulent vraiment se perdre dans la réflexion préfèrent, en général, lire des livres de mathématique ou traitant de physique quantique.

- **La profondeur du thème (ou des thèmes)** :

Je ne vois pas trop de risques, par contre, à explorer le thème principal dans ses derniers recoins, à le choisir aussi riche qu'universel et à faire en sorte qu'il imprègne le texte dans chacun de ses mots et jusque dans sa symbolique. C'est le moyen le plus sûr de donner une cohérence à l'histoire.

- **La présence d'énigmes ou d'éléments énigmatiques** :

Si je devais vendre du mystère, je dirais qu'il incite à la réflexion, à l'interprétation et à l'engagement actif du destinataire de l'histoire. Il crée une tension narrative qui maintient l'attention, stimule l'imagination et encourage le public à envisager différentes hypothèses. Le mystère et l'énigme peuvent également servir de fil conducteur, incitant le lecteur/spectateur à explorer des aspects plus profonds de l'intrigue, des personnages ou des thèmes. En la résolvant, on ressent une double satisfaction intellectuelle et émotionnelle qui renforce notre attachement à l'œuvre. Les mystères sont particulièrement en mesure d'ajouter des couches de complexité qui contribuent à la richesse et à la profondeur de l'expérience narrative.

> « Écrire est une manière de mettre en scène le secret, l'interdit, la passion, l'énigme, l'inachevé, l'inavouable. »
>
> Ovidie – *Histoires inavouables*

Mais, comme dit précédemment, point trop n'en faut.

- **La complexité de la structure** :

Dans le domaine du cinéma, c'est probablement Christopher Nolan qui s'est investi avec le plus d'énergie dans la manipulation de la structure narrative pour en tirer des effets. J'ai déjà évoqué *Memento* et son extraordinaire organisation en double narration dont une part est chronologique tandis que l'autre remonte le temps. D'autres prouesses suivront avec *Inception* dans lequel le temps s'écoule à différentes vitesses selon les séquences, ou *Tenet*, dans lequel, une fois encore, une partie de l'histoire avance de façon traditionnelle tandis que l'autre est exposée à rebrousse-temps. Le résultat est ébouriffant et a permis à son auteur de séduire un très large public.

J'ai envie d'ajouter que ce qui est fait n'est plus à faire, et que tout le monde n'a pas le talent de Christopher Nolan. Mais si c'est votre cas, voici une liste d'idées susceptible de meubler vos longues soirées d'hiver, concernant les manipulations de structure dans la narration : la narration non linéaire, les flash-backs et flash-forwards, les multiples points de vue, le montage parallèle, la structure circulaire, la révélation progressive, la structure rétrospective, la structure épistolaire, les histoires imbriquées, l'utilisation de symboles et de motifs, la structure modulaire, l'exploration de la réalité subjective, la structure fractale, le montage disruptif, la chronologie inversée.

Les définitions de ces divers procédés peuvent facilement être retrouvées sur Internet. Concernant les structures circulaire et rétrospective, je vous invite à (re)découvrir le merveilleux roman *Chronique d'une mort annoncée* de Gabriel García Márquez.

- <u>L'apport de connaissances</u> :

Sur ce point, l'essentiel est de ne pas vous imaginer que votre histoire doit jouer le rôle d'une page Wikipedia. Dépayser le lecteur ou le spectateur en lui apprenant des choses sur des coutumes exotiques peut éventuellement être intéressant, même si l'entreprise demande du talent pour ne pas être irritante. Lui enseigner la façon de cultiver la vanille ou de faire des profits en bourse aussi, avec des réserves identiques. Mais ne passez pas à côté de l'essentiel : ce que le public attend de vous, c'est une bonne histoire, pas une préparation à un examen.

L'Île au trésor de Robert Louis Stevenson est une source d'informations (pas toujours fiables) sur la piraterie, la navigation et la vie sur les mers au XVIIIe siècle. Mais c'est avant tout un superbe roman d'aventures.

- <u>Les allusions et références</u> :

Mon jugement sur ce sujet est assez sévère et vous serez libre d'en faire ce que vous voulez. Il se résume à la boutade du critique littéraire Jean Delacour : « La culture, c'est comme la confiture : moins on en a, plus on l'étale. »

Si le public ignore ce à quoi vous faites discrètement allusion ou ce que vous évoquez explicitement, il risque d'être mal à l'aise. Dans le cadre d'un essai, lorsque l'objectif est de l'encourager à découvrir d'autres auteurs, la démarche est défendable, et je ne me prive d'ailleurs pas d'y avoir recours à profusion dans cet ouvrage. Mais au sein d'une histoire, les allusions ont toutes les chances d'être absolument déplacées.

Et si le public connaît les sujets ou les œuvres auxquels vous faites référence, à quoi servent vos références ? À lui adresser un clin d'œil ? Méfiez-vous de cette envie : le public ne sera votre ami que si (et quand) votre œuvre le transporte(ra). Avant cela, il pourra s'offusquer à juste titre que vous le traitiez comme tel. On ne fait pas de clins d'œil aux gens qu'on croise dans la rue. C'est bizarre et malpoli.

Cela étant dit, si vous parvenez à jouer des références avec talent, un champ énorme s'ouvre devant vous avec les principes du pastiche et de la parodie :

- Le **pastiche** est une forme d'imitation assumée. C'est une façon de rendre hommage à l'auteur d'origine avec tendresse et admiration. Le pastiche est réussi quand son auteur est parvenu à saisir le meilleur de l'œuvre d'origine. Il échoue quand l'auteur n'en restitue que les aspects les plus visibles sans en reproduire les principes essentiels. Par ailleurs, cette forme n'est pas loin du plagiat qui consiste à reproduire des parties d'une œuvre ou bien des situations, des idées ou d'autres éléments en s'imaginant que personne ne s'en rendra compte. Pour éviter d'être accusé de plagiat, soyez explicite dans votre référence.

- La **parodie** est une sorte de caricature qui a pour but de souligner les défauts, les absurdités ou les clichés d'une œuvre ou d'un genre tout entier. Elle peut être féroce ou simplement drôle, ou férocement drôle, quand l'auteur a du talent.

La qualité de la forme

> « Le lecteur est sans volonté aucune, capricieux, inconstant, conformiste, dénué de courage et de la plupart des valeurs qui rendent la vie en société à peu près supportable. Qui plus est, il est hargneux. C'est un être tout à fait méprisable, mais malheureusement indispensable à l'activité de l'auteur. Sa seule excuse est que la lecture est généralement un exercice solitaire et qu'il se comporte donc comme font les gens lorsqu'ils savent ou croient que personne ne les observe : épouvantablement mal. »

> Gérard Klein – N° 11 de la revue *Nous les martiens*

Quelle engeance détestable que le public, en effet ! Non seulement il exige une histoire intelligente et émouvante, mais il voudrait encore qu'elle soit bien écrite, bien filmée ou parfaitement mise en scène ! Quel dommage, vraiment, qu'on ne puisse pas se passer de lui !

Le choix du ton

La qualité du style est importante, sans aucun doute. Mais faut-il absolument lui accorder une position qui écrase tous les autres paramètres déterminant l'intérêt d'une œuvre ? Parmi eux, on oublie bien trop souvent le **ton**, dont la maîtrise a grandement participé à la qualité des plus belles réussites littéraires et cinématographiques. Ironique ? Cynique ? Léger ? Comique ? Sombre ? Désespéré ? Moderne, Onirique, Tragique ? Le ton en dit beaucoup sur la nature du narrateur ce qui, au final, pourra influencer le sens de l'œuvre en orientant l'opinion du lecteur sur ce qu'il convient de penser des événements racontés. On construit un ton particulier par le choix du vocabulaire employé, mais surtout par le point de vue, l'interprétation et les perspectives que l'on fait émerger d'une situation donnée.

Voici quelques exemples :

Contemporain : Kévin la regarde en hésitant sur ce qu'il doit décider. Léa ignore également comment réagir. Ce baiser était-il accidentel ?

Tragique : Désespérément perdu, Kévin tentait pourtant de masquer sa détresse et de regarder Léa comme si l'univers tout entier ne venait pas de le serrer cruellement dans sa pogne pour lui broyer le cœur et l'âme. Pour Léa, c'était pire encore ; l'univers avait simplement cessé d'exister, et plus rien ne demeurait qu'un doute terrifiant, plein de piques et d'amertume, devenu étouffant à force d'occuper l'espace. L'avait-il embrassée par accident ?

Tragique et sombre : Au loin, un corbeau grogna une malédiction, tandis que la cloche de l'église, fêlée depuis des décennies, fit résonner son bêlement stupide et macabre. Dans la lumière infernale qui baignait la scène, Kévin dévisagea longuement Léa, son regard noir traversé d'ombres plus noires encore, chargées de doutes et de mauvaises pensées qui s'agitaient au rythme des flammes. Un horrible pressentiment saisit alors la jeune femme. Ce baiser annonçait une tragédie, la mort du village tout entier, et la douleur et les pleurs sans fin des hameaux voisins. Il venait de lui transmettre la peste violette ! L'épidémie se rependrait par leur faute, étalant des milliers de cadavres en putréfaction sur la terre crevassée par l'hiver. Puis elle se reprit et se reprocha son imagination excessive. Ce baiser n'était peut-être qu'un accident sans conséquence. La cloche de l'église cessa de sonner. Il était deux heures.

Torride : Le cœur de Léa battait en désordre. Comme inconscient de sa présence dans le local exigu, Kévin se releva lentement. La jeune femme eut beau plaquer son corps contre la paroi, ils se retrouvèrent si proches l'un de l'autre que, dans le mouvement, le souffle sucré de Kévin balaya ses lèvres humides, tandis que leurs bouches s'effleuraient. À présent, le torse nu du cowboy, luisant sous l'effort, se dressait de toute sa puissance à quelques centimètres de sa poitrine tendue par le désir. Elle pria pour que ce baiser ne fût pas entièrement accidentel.

Léger : Le regard hésitant de Kévin ne parvenait plus à fixer Léa et sautillait de-ci de-là, suivant le parcours imaginaire d'une puce sous amphétamine. La jeune femme pouffa de rire, croyant qu'il faisait le clown. Comme lui, elle ignorait pourtant ce qu'elle devait penser de ce baiser soudain. Accident ou attirance ? De l'attirance ? Sérieusement ?

Onirique : Le regard de Kévin traversa le corps de Léa comme s'il avait perdu sa consistance. Elle, tout aussi incertaine, se demandait ce que ce baiser avait de réel. Accident ou illusion ?

Désabusé : Ainsi, ils s'étaient embrassés. Des lèvres qui se touchent, des souffles qui se mêlent et s'accélèrent. La belle affaire ! Le monde n'en continuait pas moins de tourner. Ils échangèrent un bref regard qui clôtura l'incident, négligeant le doute qui les tenaillait pourtant.

Dans ces exemples, j'ai forcé le ton au point de tomber souvent dans la parodie. Rien ne vous oblige évidemment à en faire autant !

Au cinéma, le choix du ton appartient davantage au réalisateur qu'au scénariste dans la mesure où il dépend beaucoup de la bande-son, des positions et des mouvements de caméra, de la lumière et de l'esthétique en général. Mais l'ironie du *Silence des agneaux,* de Jonathan Demme, ou le cynisme de *Seven*, de Andrew Kevin Walker et David Fincher, étaient bien présents dans leurs scénarios avant même d'être portés à l'écran.

Tous les tons ne nous viennent pas naturellement et, comme pour le style, le plus raisonnable consiste à s'en tenir à ce que l'on se sent capable de maîtriser sur la distance, même si, dans l'idéal, chaque histoire devrait être servie par un ton qui lui correspond exactement.

Dans tous les cas, l'auteur devra être bien conscient que le ton qu'il choisit est un prisme qui le rend en quelque sorte prisonnier d'une façon particulière de raconter l'histoire.

Le thème et les sous-thèmes

« Le thème, c'est la réponse à la question "De quoi
ça parle ?", une idée ou un élément central au
développement de l'intrigue, et qui peut en général
être résumé en un seul mot : l'amour, la solitude,
l'ambition, la nostalgie, l'argent, le passage à l'âge
adulte, la vengeance… »

Julien Hirt – Blog *Le Fictiologue*

En musique, le « thème » est une suite de note qui se retrouve
à plusieurs occasions, avec d'éventuelles variations de rythmes et
d'accords. En écriture, le thème d'une œuvre émerge de son idée
principale, de son concept central ou de son sujet sous-jacent.
Comme en musique, il est bon qu'il s'illustre de différentes façons,
en faisant l'objet de variations qui permettent de l'explorer en
profondeur.

Le thème principal du *Petit Prince* est l'amitié, mais ce texte
aborde également les questions de la responsabilité, de la fidélité,
de l'innocence et de la pureté, autant de sous-thèmes qui ne brisent
pas la cohérence de l'histoire, parce qu'ils se marient très naturellement avec le thème principal.

Le thème de *La Liste de Schindler* de Steven Spielberg est l'hé-
roïsme, mais ce film ne se contente pas d'en montrer les conséquences : il explore ses causes, la façon dont il naît et dont il se cris-
tallise. Ses sous-thèmes que sont le courage, la liberté de pensée,
la rédemption, la responsabilité morale, la solidarité et la compassion sont tous étroitement liés au thème principal, assurant à cette
œuvre une très belle cohérence.

Le thème n'a pas besoin d'être explicite, et ce n'est pas parce
qu'un roman ou un film s'y attache qu'il doit forcément aboutir à
une conclusion ou délivrer un message. Mais l'auteur doit nécessairement réfléchir à son sujet principal, faute de quoi il risque de
passer à côté sans le faire exprès.

Et comme il n'est pas toujours simple d'identifier le thème principal que l'on est en train de traiter, je vous suggère de vous poser les questions suivantes :

- Qu'est-ce ou qui est-ce qui se transforme dans votre histoire ?
- Pour quoi ou pourquoi cette transformation a-t-elle lieu ? Quel est son résultat ?

Essayez à présent de trouver un seul mot (trois maximum) pour répondre au deuxième groupe de questions. Commencez éventuellement par une ou deux phrases que vous simplifierez autant qu'il est possible de le faire. Votre thème devrait être là.

Faire du neuf avec du vieux

Rebattre les cartes

Tant d'histoires ont déjà été racontées! L'aspirant-auteur qui prendra la peine d'élargir ses horizons en explorant les œuvres qui ont précédé la sienne pourra en éprouver du découragement. Comment innover encore ?

Un moyen parmi d'autres consiste à repérer les associations habituelles de thèmes, de genres, de tons et de contextes, puis à tout ranger autrement. Prenez des éléments du roman noir tels qu'un flic désabusé, une femme fatale et une enquête à mener, plongez tout cela dans un univers de science-fiction avec des androïdes, et vous obtenez *Blade Runner*, le chef-d'œuvre de Ridley Scott. Prenez maintenant le scénario des *Sept Samuraïs*, d'Akira Kurosawa, tournez-le comme un western, et vous obtiendrez *Les sept mercenaires* de John Sturges. Tournez-le comme une saga de *fantasy* et vous obtiendrez *Rebel Moon*, de Zack Snyder. Mélangez *fantasy*, *space opera*, western, romance, *chanbara* et film de guerre et, avec un peu de chance et beaucoup de talent, vous obtiendrez *Star Wars*.

Une histoire de romance ne doit pas nécessairement se dérouler à Paris, New York ou dans un ranch du Texas ou du Colorado. Placez-là en temps de guerre ou dans un environnement post-apocalyptique et vous parviendrez peut-être à éviter certains des clichés du genre.

> « Prenez l'urban fantasy, ce genre qui emprunte des codes du fantastique et de la fantasy pour les inscrire dans un cadre urbain contemporain, et changez de décor pour créer la rural fantasy.
> Oui ! Des vampires au milieu des vaches et des marguerites. »
>
> Julien Hirt – Blog Le Fictiologue

J'aime la façon dont Julien Hirt évoque les contextes des histoires qu'il compare à des *skins*, ces habillages interchangeables qui permettent de modifier l'apparence d'un logiciel ou d'un personnage de jeu vidéo sans en altérer les fonctionnalités. Les costumes, le décor, le langage des personnages, la société au sein de laquelle se déroule l'histoire, ainsi que l'époque et le lieu forment le *skin*. Quand votre thème ne dépend pas étroitement de ce *skin*, il peut être intéressant de le développer au sein d'un cadre qui n'en a pas l'habitude.

Inversement, si vous tenez absolument à écrire un énième roman de *fantasy*, faites en sorte qu'il ne s'agisse pas encore une fois de l'histoire d'un jeune homme qui part en quête de quelque chose. Faites-en, par exemple, une jeune fille qui rencontrerait un ogre sympathique. Ah, non ! William Steig l'a déjà fait avec *Shrek* !

Alors, prenez *La Guerre des Mondes*, placez-la dans le *skin* d'un western classique et vous obtiendrez *Cowboys et envahisseurs*, de Jon Favreau. Heu… bon, c'était encore un mauvais exemple, sauf si on aime les parodies qui ne s'assument pas.

Prenez le *skin* d'un film historique dont Abraham Lincoln serait la figure principale, et faites-en un film de vampire. Cela donne *Abraham Lincoln : Chasseur de vampires*, de Timur Bekmambetov.

Pas fameux non plus, à vrai dire, mais je dois avouer que j'ai choisi des exemples extrêmes.

Retenez tout de même que les caractéristiques habituelles d'un genre ne résident pas seulement dans le *skin*, mais aussi dans des thématiques souvent abordées, dans un ton de narration particulier, et dans ce que l'on appelle les «codes» du genre.

Pour le *thriller*, par exemple :

- **Un danger imminent** : Le protagoniste est confronté à une menace de mort ou de blessure et le temps lui est compté pour éviter le pire.
- **Un antagoniste menaçant** : Le protagoniste affronte un tueur en série, un terroriste, ou un autre type de criminel dont les qualités de cœur laissent à désirer.
- **Un rythme rapide** avec une tension narrative qui ne marque jamais de pause.

Vous pourriez appliquer le principe du «danger imminent» et du «rythme rapide» à une histoire d'horreur ou de *fantasy*, par exemple, ou celui de l'«antagoniste menaçant» à une romance.

L'art et le cochon

Cette forme de stratégie, aussi distrayante qu'elle puisse être, ne fera cependant pas de miracle. Soyons honnêtes : elle revient ni plus ni moins à accommoder des restes, comme il m'arrive de le faire quand j'ai la flemme de me lancer dans une véritable création culinaire (cela arrive très souvent) : j'ouvre le frigidaire, j'examine le contenu des tupperwares, je pioche dans certains d'entre eux et je mélange ce que j'ai choisi dans une omelette ou dans un bol de riz, en y ajoutant éventuellement quelques épices. Cela ne fait pas de moi un grand chef. Même si le résultat est parfois délicieux, il dépend davantage de la qualité de ce qu'il y avait dans les tupperwares que de mon talent personnel. Et c'est généralement ma femme qui a préparé ce qui se trouve dans les tupperwares.

Je ne veux pas dire qu'il est impossible de créer une grande
histoire de cette façon. Après tout, aucun
artiste ne peut prétendre que son œuvre
est radicalement nouvelle. Il se sera inévitablement inspiré de quelque chose ou de
quelqu'un. Toute création est un mélange
plus ou moins original d'émotions, d'idées et d'imaginaires qui
existaient déjà. Une recomposition, en somme. Et l'art de la composition (ou de la recomposition) est certainement indispensable
pour aboutir à une œuvre marquante. Mais il ne suffit pas.

Ce qui fait d'abord une grande histoire, c'est la vision particulière du monde que l'auteur propose au public, sa capacité à mettre
en lumière quelque chose qui était là et que personne ne parvenait
à voir avant lui. Le génie ne consiste pas à *inventer* quelque chose,
mais à *montrer* quelque chose d'existant et qui demeurait pourtant inconnu, inexploré. L'art, ce n'est pas de l'alchimie, c'est de la
découverte.

À propos des clichés (en général)

Les clichés sont comme la crème chantilly. Certains en raffolent
et en abusent tout en sachant qu'ils sont mauvais pour la santé. On
en retrouve souvent dans la littérature de genre, et en particulier
dans la romance et la *fantasy*, sous la forme de personnages-cli-
ché, situations-cliché, décors-cliché et, bien sûr, expression-cliché
(« solide comme un roc », « il pleut des cordes », « être dans le même
bateau », etc.)

En tant qu'éditeur, je ne pense pas être exagérément rigide dans
la condamnation de leur emploi et je reconnais qu'ils comportent
un aspect pratique : un cliché bien choisi évoquera en très peu de
mots ce qui aurait nécessité autrement une longue description (et
un effort d'imagination). Par les raccourcis qu'ils offrent, ils font
gagner du temps au moment de l'écriture et peuvent même contri-
buer à l'efficacité du texte en permettant des descriptions plus
claires et plus courtes.

Le cliché offre également l'avantage de créer une forme de complicité entre l'auteur et le public, et je présume que c'est parfois l'effet recherché. En montrant à ses lecteurs/spectateurs qu'ils partagent des références avec lui (nous avons vu les mêmes films, nous avons lu les mêmes livres), l'auteur tente d'établir une connivence. Mais j'ai déjà souligné précédemment le danger qu'il y a à faire des clins d'œil aux gens qui ne vous connaissent pas.

Par ailleurs, il faut admettre les problèmes importants que leur emploi entraîne :

- Le cliché évoque quelque chose de déjà vu. Mais où cela a-t-il été déjà vu ? Dans un film, une série ou une autre création littéraire. Pas dans la réalité. La réalité comporte toujours de l'inattendu, du bizarre, de l'incongru..., bref, du jamais vu. Si l'on veut que le lecteur ou le spectateur croie à la réalité fictive qu'on lui présente, il faut approcher cette réalité au plus près, c'est-à-dire insuffler dans son imaginaire quelque chose de véritablement original, de jamais vu, jusque dans les détails.

- Les clichés s'usent et perdent leur capacité à produire l'effet recherché. En exagérant à peine, ils finissent par ne plus rien signifier du tout, comme une image décolorée par le soleil qui, au lieu de continuer à représenter son sujet, ne figure plus que l'usure en elle-même.

- Le cliché, par sa nature même, n'a rien qui permette de surprendre le lecteur/spectateur. Or, l'effet de surprise est l'une des choses que ce dernier attend en permanence. Quand les personnages ou les situations sont « convenus », ils risquent de provoquer l'ennui. L'auteur doit offrir au public des personnages ou des situations qu'il n'aurait pas imaginés de lui-même (en tout cas, pas sans fournir d'efforts). Prenons un exemple : une jeune femme se fait draguer dans la rue par un gars antipathique. Juste à côté, un play-boy est témoin de la scène. À ce stade, le public s'attend à ce que le beau gosse intervienne pour chasser le gars antipathique. Si vous racontez la scène de cette façon, tout ce que vous dites ne sert à rien. Vous pouvez tenter de retourner le cliché : devançant le beau gosse, la jeune femme met le gars antipathique au tapis en lui expédiant un double uppercut. Mais ce type de retournement est lui-même devenu un cliché à force d'avoir été exploré dans les histoires contemporaines. Mieux vaut inventer une autre situation de départ.

- Les clichés privent l'auteur du (grand) plaisir que représente une création originale. Un personnage composé de toute pièce reflète, bien plus fidèlement qu'un stéréotype, l'intimité de l'auteur. Il lui permet de s'approprier et de s'investir émotionnellement de façon plus profonde dans son récit et d'en tirer une joie qui se communiquera nécessairement au lecteur ou au spectateur. En traquant les formules toutes faites qu'il a employées et en tentant de les remplacer à chaque fois par une forme d'expression plus personnelle, l'auteur se donne également la possibilité d'ajouter du ressenti et des touches d'humour ou d'inattendu, et finalement du détail dans les tableaux qu'il dessine.

Si c'est l'effet de connivence avec le lecteur qui vous intéresse avant tout, prenez au moins la peine de jouer d'une façon originale avec le cliché, comme suggéré plus haut. Vous insufflerez ainsi de la surprise et/ou de la poésie à votre référence. Cela nous ramène à *Shrek* qui nous amuse en détournant beaucoup de figures archétypales des contes populaires. Pour ce qui est des expressions, « Solide comme un roc » peut devenir « Solide comme du toc » ; « il pleut des cordes » peut donner « il pleut des fils d'argent ». Etc.

Dans tous les cas, si vous aimez vraiment la chantilly, mangez-en dans votre coin en vous débrouillant pour que personne ne vous voie, mais n'attendez pas d'un médecin, d'un producteur ou d'un éditeur qu'ils vous félicitent pour votre addiction coupable.

> La pluie joue du tambour sur le toit.
> Je l'accompagne avec mes doigts.
> Il tombe des cordes à piano
> Qui dégoulinent sur mon dos.
>
> Composition anonyme

Rebondissement et retournement (*twist*)

Ces deux procédés sont les plus courants de ceux que les auteurs emploient pour créer un effet de surprise (un « coup de théâtre »). Cela méritait sans doute de leur consacrer un chapitre.

Le rebondissement

Alors qu'une péripétie de l'histoire semble être conclue et que la tension narrative retombe, on constate soudain que le méchant que l'on croyait mort ne l'était pas, ou bien que la caverne dans laquelle le héros était enfermé possède finalement une issue et que rien n'est perdu (mais rien n'est encore gagné). Ces deux cas illustrent respectivement des rebondissements négatif et positif. Ce principe a été employé si souvent dans les histoires d'aventures qu'il apparaît désormais au lecteur/spectateur comme un cliché, quelle que soit la façon dont il est mis en œuvre. Il faut donc une certaine habileté pour en faire usage sans ennuyer le public, ou bien l'exagérer suffisamment pour glisser dans le registre de la parodie.

Remarquons d'abord que le rebondissement doit être inattendu pour créer un effet de surprise. Si vous empruntez une forme de rebondissement à une histoire connue du public, ce dernier vous verra venir et l'effet échouera. Des circonstances improbables amèneront également votre public à identifier la combine. Faites-en quelque chose dont on se dira « c'est logique, et pourtant, je n'y avais pas pensé ». Dans ce cas, la difficulté réside dans le fait de placer quelques indices plus tôt dans le récit, qui préparaient le rebondissement, mais pas trop, pour que le public ne l'anticipe pas. Si vous parvenez à faire cela, votre effet sera probablement réussi.

> « Les surprises de la pensée sont comme celles de l'amour : elles s'usent. »
>
> Jean Baudrillard
> – *Cool Memories*

Le retournement

Le retournement est une forme particulière de rebondissement qui ne se contente pas de relancer la tension dramatique, mais amène également le public à envisager le cours du récit sous un jour entièrement différent. Le retournement est souvent placé à la fin de l'histoire, dans le but de transformer (c'est-à-dire d'enrichir) l'opinion que le lecteur/spectateur s'est forgée à propos de ce qui a été raconté.

À la fin d'*Indiana Jones, Les Aventuriers de l'arche perdue*, les efforts titanesques accomplis par Indiana pour récupérer l'Arche d'Alliance ont échoué. Indiana et sa compagne Marion ont été capturés et tout semble perdu lorsque Belloq, le scientifique qui travaille pour le compte des nazis, ouvre l'Arche pour en retirer les Tables de la Loi. Première phase du retournement : le coffre de l'Arche ne contient que du sable. Deuxième phase, quand Belloq plonge les mains à l'intérieur, des esprits ressemblant à des séraphins de l'Ancien Testament émergent de l'Arche, prennent l'apparence terrifiante d'anges de la mort et frappent Belloq et les nazis qui connaissent une fin sanglante. Indiana et Marion, qui ont gardé les yeux fermés, échappent à ce sort, et leur situation qui semblait irrémédiablement compromise se *retourne* soudainement en leur faveur : les nazis sont vaincus et l'Arche est sauvée.

2. LA CONSTRUCTION DE L'HISTOIRE

Pour ceux qui s'intéressent à la narratologie, cette scène d'anthologie comporte deux aspects très amusants :

- D'une part, le principe du coffre au trésor qui ne contient finalement que du sable est un exemple fréquemment cité pour illustrer la séquence victoire-surprise-déception, ou pour souligner l'importance de l'aventure elle-même, plutôt que du trésor qu'elle promet. Ce principe évoque l'idée du *MacGuffin* que je détaillerai dans la partie consacrée aux personnages. Ici, il est mis littéralement en application, comme si le scénariste l'avait compris au premier degré.

- D'autre part, on emploie l'expression *Deus ex machina* (Dieu sort de la machine) pour désigner de façon péjorative le procédé qui consiste à tirer le héros d'affaire par un moyen si improbable qu'il s'apparente à la main de Dieu. Ici, il s'avère encore une fois que c'est *littéralement* la main de Dieu qui retourne la situation.

Nul doute que Lawrence Kasdan, le scénariste de cette histoire, s'est bien amusé en imaginant cette conclusion. À moins que l'idée ne vienne de Georges Lucas ou de Steven Spielberg qui ont collaboré sur ce film.

Ce dénouement présente un autre intérêt : il correspond au principe du **double retournement** tel que le définit John Truby dans *Anatomie du scénario*. Le double retournement, c'est quand on parvient à créer un retournement qui a une signification particulière pour le héros, tout en ayant une autre signification pour l'antagoniste. Voyons ça :

- L'enjeu de Belloq, c'est de s'approprier le pouvoir divin de l'Arche d'Alliance. De son point de vue, la scène que j'ai racontée ci-dessus comporte non pas un, mais trois retournements qui vont se succéder dans un va-et-vient brutal : 1. En voyant que le coffre est plein de sable, Belloq pense que l'Arche ne contenait rien de valeur et qu'il a échoué. 2. En voyant les esprits qui s'en échappent, il constate que l'Arche contient bien quelque chose de prodigieux, et il pense qu'il a réussi. 3. En voyant les esprits annihiler les nazis qui l'entourent, Belloq réalise que le pouvoir divin qu'il convoitait va le détruire. Il a donc échoué.

- L'enjeu d'Indiana, c'est de récupérer l'Arche d'Alliance. Au début de la scène, alors qu'il est prisonnier et que Belloq ouvre le coffre, il pense qu'il a échoué. En voyant que le coffre ne contient que du sable, il est soulagé. En comprenant que les esprits vont annihiler Belloq et les nazis, il est davantage soulagé, même s'il craint pour sa vie et celle de Marion.

La réussite de cette figure difficile du double retournement tient au fait que l'enjeu de Belloq n'a pas été construit dans le seul but de contrarier celui d'Indiana. Belloq est un vrai personnage, pourvu de ses propres désirs. Par certains aspects, il n'est pas si différent d'Indiana, puisqu'il est également passionné par les objets antiques. Ce qui va le perdre, sa faiblesse, c'est son absence de moralité.

Le point de vue du narrateur (et celui du public)

Au cinéma comme en littérature, l'histoire peut être racontée du point de vue d'un seul personnage, de plusieurs personnages à tour de rôle (récit choral), ou de celui de dieu (ou d'une sorte de dieu), quand l'auteur nous décrit les pensées, les désirs et les actions des uns et des autres, sans aucune barrière pour limiter son exploration.

L'effet produit sur le lecteur ou le spectateur ne sera pas le même et c'est précisément pour obtenir un résultat particulier que l'auteur aura tendance, de façon consciente ou non, à choisir une forme de narration plutôt qu'une autre. Ce qu'il ne réalise pas toujours, c'est qu'il n'aura pas la même liberté dans tous les cas.

Choisir le bon point de vue, c'est trouver l'équilibre entre deux objectifs difficilement compatibles, bien qu'ils soient tous les deux essentiels à la réussite de l'écriture :

- <u>La subjectivité</u> : Sans subjectivité, c'est-à-dire sans engagement de la part du narrateur ou des personnages principaux, le récit n'a aucune chance d'induire une tension dramatique. Pour que les événements racontés prennent de l'importance aux yeux du public, ils doivent amener les protagonistes à faire des choix difficiles qu'ils défendront avec énergie. Et pour que le cœur et l'esprit du public s'impliquent en temps réel dans ces choix, il faut qu'ils y soient invités par une présentation subjective (orientées) des situations.
- <u>La liberté du public</u> : Si l'on enferme le public dans une subjectivité trop puissante, on lui retire la possibilité de se construire sa propre version de l'histoire. On obtiendra sans doute une forte implication émotionnelle, mais au prix d'un inconfort intellectuel qu'il n'acceptera pas.

Le moyen de concilier ces deux impératifs consiste à présenter des opinions tranchées, mais contradictoires (ou complémentaires) au fil du récit, en faisant varier les points de vue assez rapidement pour que le public n'éprouve jamais le sentiment d'étouffer.

La chose est plus ou moins facile selon la forme de narration que l'on aura choisie.

Le narrateur omniscient

Dans cet exemple, le « narrateur » (celui qui raconte l'histoire) est capable de percevoir les sentiments de Kévin, de connaître les intentions secrètes de Léa et de savoir ce qu'il se passe dans le même temps à des kilomètres de là. Le « narrateur omniscient » est le seul mode de narration qui offre, entre autres, la possibilité de décrire une action dans une pièce vide, comme dans cet extrait de *Les ombres de Wielstadt*, de Pierre Pevel :

« Dans le bureau désert, tout semblait calme. Pourtant, une brise venue de l'extérieur s'insinua par la fenêtre entrouverte. Elle fit frissonner le *post-it* que Julien avait rédigé et collé en évidence sur le clavier de Nathalie. Le papier se détacha, glissa jusqu'au rebord du poste de travail. Hésita. Bascula. Et tomba directement dans la poubelle. »

Le narrateur omniscient n'est pas non plus prisonnier du temps dans lequel il peut librement voyager en arrière ou en avant, en utilisant, par exemple, un simple « Deux semaines plus tôt… » qui donnera : « Deux semaines plus tôt, Kévin avait rencontré Jérôme dans la rue et avait aussitôt sympathisé avec lui. » Ou un « Plus tard… » qui permet d'imaginer, « Plus tard, lorsque l'orage serait passé, Léa finirait par comprendre ce que Kévin éprouvait pour elle. Mais elle n'en avait pas encore eu l'occasion. »

Cette forme de narration autorise absolument tout, et l'immense liberté dont dispose ainsi l'auteur peut lui paraître effrayante. Qu'il se rassure ! Il y a un prix à payer : le narrateur omniscient ne peut pas être émotionnellement impliqué dans le fil de l'histoire. Puisqu'il est partout, tout le temps, et qu'il est tout le monde, il n'est personne en tant que lui-même, il est paradoxalement *absent* des événements qui jalonnent le récit.

Naturellement, cela ne lui interdit pas d'émettre des opinions ou de formuler des interprétations. Toutefois, à moins qu'elles ne prennent la forme de commentaires humoristiques, il devra trouver le moyen de les rendre légitimes. Étant donné qu'il n'était pas présent lors des événements racontés, ce qu'il en pense à titre personnel n'a pas de valeur particulière et risque fortement d'agacer le public. Et puis, qui est-il pour penser, puisqu'il n'est personne ? Et s'il est quelqu'un, comment peut-il tout savoir de tout ? Ce sera un autre point à éclaircir, si vous voulez bâtir un récit de ce genre.

Il peut donc sembler ardu d'impliquer émotionnellement le public dans cette forme de narration prétendument objective. Le moyen consiste à opérer des « zooms » sur les personnages qui traversent des moments forts. Voici comment Victor Hugo s'y prend dans *Les Misérables* :

> « Cependant elle aussi était en proie à un bouleversement
> étrange. Elle venait de se voir en quelque sorte disputée
> par deux puissances opposées. Elle avait vu lutter
> devant ses yeux deux hommes tenant dans leurs mains
> sa liberté, sa vie, son âme, son enfant ; l'un de ces
> hommes la tirait du côté de l'ombre, l'autre la ramenait
> vers la lumière. Dans cette lutte, entrevue à travers les
> grossissements de l'épouvante, ces deux hommes lui
> étaient apparus comme deux géants ; l'un parlait comme
> son démon, l'autre parlait comme son bon ange. »

Bien qu'Hugo parvienne à nous entraîner dans les pensées de son personnage, il ne peut s'affranchir entièrement de la distance que crée inévitablement son choix de narration. Le récit du narrateur omniscient est un récit de seconde main. Quelqu'un nous raconte ce qu'il voit ou ce qu'il a entendu les personnages faire, dire ou penser. Nous ne sommes pas dans le tableau, nous en sommes spectateurs.

Cette forme de narration est à mon avis la plus intéressante à travailler à titre d'exercice, car l'éventail de ses possibilités met l'auteur au pied du mur, sans aucun artifice ni aucun filet de secours pour amortir ses faiblesses et ses erreurs. S'il parvient à toucher le cœur du public à travers elle, il aura atteint une maîtrise qui lui permettra d'employer n'importe quelle autre forme de narration avec succès.

La troisième personne limitée

Le narrateur limité est souvent l'un des personnages secondaires de l'histoire qui la raconte à la troisième personne. C'est, par exemple, le docteur Watson qui nous fait découvrir les aventures de Sherlock Holmes, mais n'intervient que rarement dans le récit.

Si le narrateur retranscrit une histoire qui lui a été racontée par quelqu'un d'autre, il aura accès à toutes les pensées de ce quelqu'un d'autre (qui lui en a fait part), mais pas à celles des autres protagonistes. S'il nous retranscrit une histoire dont il a eu lui-même plusieurs versions, il peut connaître les pensées de plusieurs protagonistes sans les connaître toutes.

Voici quelques variantes de cette forme :

- <u>Troisième personne limitée objectivée</u> : Le narrateur reste extérieur et n'a pas accès aux pensées internes des personnages, mais il peut décrire les actions et les comportements observables.
- <u>Troisième personne sélective</u> : Le narrateur a une connaissance limitée des pensées et des sentiments d'un ou de quelques personnages spécifiques, mais pas de tous. Les informations internes sont limitées à certains points de vue.
- <u>Troisième personne limitée profonde</u> : Le narrateur a un accès approfondi aux pensées, aux émotions et aux motivations d'un personnage spécifique. Les lecteurs/spectateurs sont immergés profondément dans l'expérience intérieure de ce personnage.
- <u>Troisième personne limitée variable</u> : Le point de vue peut changer entre plusieurs personnages au fil de l'histoire, mais à tout moment, le narrateur reste limité à la perspective d'un personnage.

Du point de vue de l'auteur, le choix de l'une de ces variantes ne se fait évidemment pas dans le but de limiter sa liberté, mais plutôt dans celui d'écarter les points de vue qu'il ne souhaite pas explorer afin de se concentrer sur les actions et opinions de certains personnages. Le principe de la troisième personne limitée consiste donc à délivrer une version **subjective** de l'histoire. C'est la forme la plus couramment utilisé par les auteurs contemporains, en particulier dans la littérature nord-américaine.

L'un de ses avantages réside dans sa forme très naturelle, parce qu'elle évoque celle des récits que nous nous adressons oralement les uns aux autres dans la vie de tous les jours. On imagine facilement le narrateur assis face à nous, dans un fauteuil, près de la cheminée, en train de nous dérouler l'histoire.

Son inconvénient réside dans le risque que la subjectivité du narrateur limite la liberté d'interprétation du lecteur/spectateur en lui délivrant une vision trop sélective des événements, comme «prémâchée». L'auteur devra donc avoir comme préoccupation constante de préserver cette liberté en évitant les jugements tranchés, ou en présentant plusieurs points de vue, même quand le récit se focalise sur un seul personnage, ou en explicitant clairement ce qui rend le narrateur subjectif, permettant ainsi au lecteur/spectateur de prendre ses distances et de développer ses propres opinions.

En ajustant habilement son dispositif, l'auteur peut s'attribuer une liberté confortable (même si elle limitée par principe), tout en facilitant l'engagement émotionnel de son public.

La narration à la première personne

> « Hier soir, papa a encore fait toute une comédie, il était
> abruti de sommeil et s'est écroulé sur son lit, là il a eu
> froid aux pieds, je lui ai mis mes chaussons de nuit.
> Cinq minutes plus tard, il les avait déjà reposés à côté
> de son lit. Puis la lumière le dérangeait et il a enfoncé sa
> tête sous les couvertures. Quand on a éteint la lumière,
> il a montré tout doucement le bout du nez, c'était trop
> comique. »

Journal d'Anne Franck

Courante dans la science-fiction et le roman policier, la narration à la première personne est également employée dans de nombreuses formes de littérature expérimentale ou dans les romans épistolaires. Au cinéma, elle peut se traduire par l'ajout d'une voix-*off* à travers laquelle le narrateur ou la narratrice fait part de ses ressenti, ou par une prise de vue en « caméra subjective » donnant l'illusion que l'image reproduit fidèlement ce que l'un des personnages est en train de voir.

Elle offre l'avantage de proposer une immersion extrêmement profonde au lecteur/spectateur, en lui faisant entièrement partager les doutes, les peurs, les espoirs et les émotions du narrateur (au risque d'être insoutenable, quand les actes où les pensées exprimés sont hors normes) et c'est sans doute la raison pour laquelle elle attire beaucoup d'auteurs débutants.

Il faut pourtant un grand talent pour ne pas être victime des dangers qui menacent une histoire racontée de cette façon :

- En choisissant cette forme, l'auteur s'enferme dans un seul point de vue et ne pourra plus explorer les pensées et les émotions des autres protagonistes du récit, si ce n'est à travers l'observation et l'interprétation qu'en fera le narrateur. Impossible de savoir ce qu'il se passe dans la pièce d'à côté, sauf si le narrateur regarde à travers le trou d'une serrure.

- Du même coup, l'auteur enferme le lecteur/spectateur dans le point de vue subjectif du narrateur, restreignant sa liberté d'interpréter les événements à sa guise.
- Il en résulte que la personnalité du narrateur (qui reflète inévitablement celle de l'auteur) devra être particulièrement intéressante pour ne pas lasser le public. À moins de trouver un moyen efficace pour autoriser une prise de distance, il faudra s'interdire de dessiner un narrateur trop sûr de lui, pontifiant, infaillible en tous points, ou bien monomaniaque, excessivement dépressif ou jugeant tout ce qu'il voit sans y mettre de la nuance. En bref, si le narrateur est agaçant par n'importe quel aspect de sa personnalité, à moins que le public ne s'en amuse, il se désengagera.

Voici quelques moyens d'offrir des bouffées d'oxygène au public :

- L'autodérision, l'humour, l'ironie et l'outrance.
- Un narrateur aux opinions partagées ou changeante, ou sans opinions sur certains sujets qui engagent pourtant d'autres personnages.
- Des dialogues offrant à d'autres personnages la possibilité de contredire le narrateur ou de compléter ses opinions. Les dialogues peuvent également donner accès à des informations ou à des interprétations extérieures qui élargiront l'horizon du récit.
- Un récit dans le récit amenant, par exemple, le narrateur à délivrer une histoire que quelqu'un d'autre lui a racontée ou à lire une lettre qu'il a découverte.
- Le principe du narrateur non fiable, quand il est apparent dès le début du récit, peut permettre au lecteur de garder ses distances[41].

---

41 C'est un moyen employé par l'auteur H.P. Lovecraft pour ses nouvelles horrifiques dont le narrateur est fréquemment soupçonnable de folie.

La narration à la deuxième personne

Très peu courante, la narration à la deuxième personne a tout de même été expérimentée par Éric Chacour, Patrick Senécal, Maria Pourchet, Alex Sol, Michel Butor, Gao Xingjian, Bernard Werber, Franck Thilliez, Stefan Zweig et Carlos Fuentes, entre autres. Difficilement transposable au cinéma, elle présente des avantages et inconvénients très semblables à ceux de la narration à la première personne, avec une immersion du lecteur encore plus puissante, sans doute.

Il faut beaucoup de délicatesse de la part de l'auteur, pour ne pas induire de gêne chez le lecteur interpellé de la sorte.

Les changements de points de vue

Ce qui précède est sans doute suffisant pour démontrer l'intérêt de varier les points de vue à l'intérieur d'une histoire, libérant ainsi le public d'une version à laquelle il n'adhère pas forcément.

Dans les histoires racontées à la troisième personne, l'auteur devra cependant prendre garde à ne pas trop secouer sa caméra, qu'elle soit réelle ou imaginaire, pour ne pas donner le mal de mer à son public. Lorsqu'il fait le choix de suivre un personnage et d'adopter son point de vue, il doit y rester fidèle jusqu'à ce qu'il soit absolument clair que le récit prend une autre direction. Voici ce qu'il ne faut pas faire :

> Léa se demandait ce qui préoccupait Kévin. Il avait le regard un peu triste et sa bouche se tordait parfois dans un rictus amer. Pourquoi avait-elle choisi de mettre un chapeau orange ? se demandait-il.

Dans le cadre de ce qui est posé, la dernière phrase reflète la pensée de Kévin, alors que le point de vue des deux premières phrases est celui de Léa. Cette rupture est trop brutale. On peut corriger le tir en écrivant :

Léa se demandait ce qui préoccupait Kévin.
Il avait le regard un peu triste et sa bouche se tordait parfois dans un rictus amer. Quant à lui, le jeune homme ne pensait qu'au désaccord de leurs tenues respectives. Pourquoi avait-elle choisi de mettre un chapeau orange ?

Par ailleurs, certains auteurs font le choix de changer de forme de narration en cours d'histoire, passant, par exemple, du narrateur omniscient à la première personne. Dans la mesure où cette option est contraire aux habitudes, elle risque de déranger le lecteur/spectateur et demande un peu de maîtrise ou une justification quelconque pour pouvoir être appliquée.

3. La construction des personnages

Les composantes des personnages

Dans *The Art of Dramatic Writing*, Lajos Egri propose un schéma de composition des personnages que je trouve particulièrement inspirant, parce qu'il représente un moyen simple et efficace de leur donner de l'épaisseur :

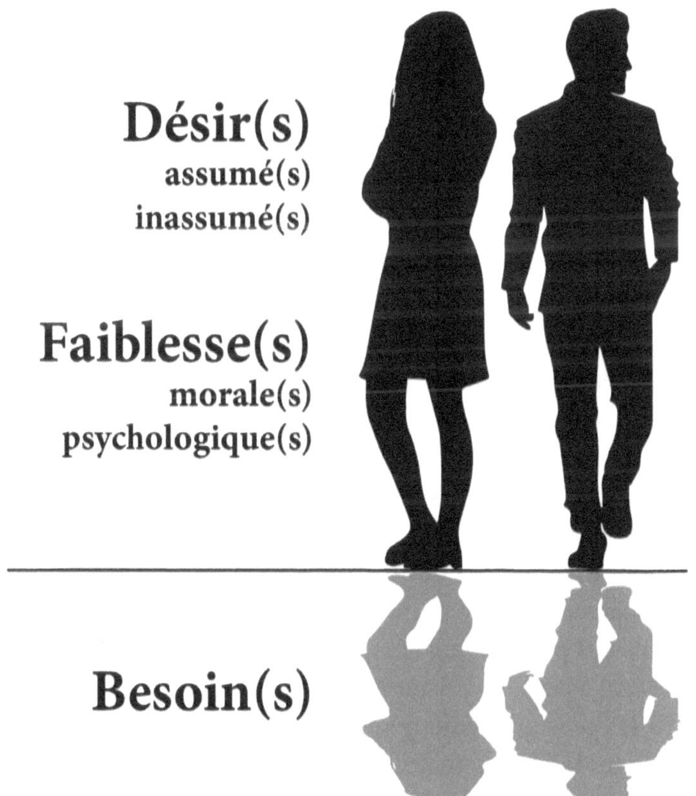

Le <u>désir</u>, surtout quand il est assumé, est la partie la plus apparente du personnage. Il s'exprime souvent par la façon dont il réagit à la situation dans laquelle on le trouve au début de l'histoire dont il déclenche les premières péripéties. Par exemple : «je n'ai pas d'argent, je veux profiter de la vie, je vais braquer une banque.» Ou bien, comme dans *Peau de chagrin*, de Balzac : «je suis trop malheureux, je veux en finir, je vais me suicider.»

Même quand le désir n'est pas assumé par le personnage, ce dernier en est souvent conscient. Dans tous les cas, il n'y a pas de mystère pour le public : le désir du personnage principal est énoncé clairement dès le début de l'histoire, car il va construire un enjeu et servir de leurre pour le tour de prestidigitation que l'auteur est en train de préparer et que je vais détailler.

Dans presque toutes les histoires, l'objet du désir (ce qui est désiré par le héros) va devenir son enjeu central. Notez bien que ce ne sera pas le véritable enjeu de l'histoire, mais seulement celui du héros. Il pourra s'agir, par exemple, d'une vengeance à assouvir, d'un trésor à découvrir, d'une femme ou d'un homme à conquérir, d'un championnat à gagner, etc.

Les <u>faiblesses</u> sont fréquemment (mais pas toujours) les particularités qui empêchent le personnage d'obtenir ce qu'il désire. C'est en tout cas ce qu'il s'imagine dans de nombreux cas. Dans *Anatomie du scénario*, John Truby insiste sur

l'intérêt de doter les personnages de deux types de faiblesse : psychologique (manque de courage, indécision, incapacité à surmonter un traumatisme, etc.) et morale (égoïsme, manque d'intégrité, etc.) Les faiblesses psychologiques handicapent le personnage, mais ne font de mal à personne d'autre que lui. Les faiblesses morales font souffrir les gens qui l'entourent. Truby recommande de mettre en évidence les faiblesses morales dès le début de l'histoire. Dans le film *Tootsy*, par exemple, Mickael est arrogant, égoïste et menteur.

Son arrogance fait que personne ne veut l'employer comme acteur, bien qu'il soit excellent. Son égoïsme et sa tendance au mensonge font souffrir son amie Sandy.

Il est fréquent que le personnage n'assume pas ses faiblesses, et il est possible qu'il se trompe à leur sujet, estimant qu'il manque de courage, par exemple, alors qu'il manque en réalité de confiance en lui (une situation-cliché dans les romans initiatiques).

Les besoins (ou manques) sont la partie immergée de l'iceberg. Ils représentent ce que le personnage ignore à propos de lui-même, et qui pourrait pourtant tout arranger dans sa vie. À la fin de l'histoire, au moment de sa transformation, le personnage identifiera son besoin (dans ce que Truby appelle l'étape de *révélation*) et cela permettra à l'enjeu principal de l'histoire de se résoudre. Le tour de prestidigitation réside dans le distinguo entre l'enjeu du personnage et celui de l'histoire : dans un premier temps, l'auteur agite l'enjeu du personnage sous le nez du public en lui faisant croire que c'est celui qui importe. Puis, en démontrant peu à peu que le personnage se trompe à propos des objectifs qu'il s'est fixés, l'auteur amène le lecteur/spectateur à se désolidariser de lui (tout en s'y attachant, grâce au côté humain que ses faiblesses lui donnent). Au moment de la révélation, l'auteur sort de sa manche le véritable enjeu de l'histoire, qui va répondre aux besoins réels du personnage. Tatataaaa !

Truby est un Américain qui travaille sur des scénarios. Sa vision des choses est donc assez orientée par sa position. Bien entendu, rien n'oblige l'auteur à faire de sa *révélation* (la transformation) un moment spectaculaire. Libre à lui de l'étaler, au contraire, sur une partie très importante de l'histoire. Il n'y a pas toujours de « Tatataaaa ! », mais le principe proposé est intéressant.

Pour revenir aux besoins, ils sont très souvent construits en miroir des faiblesses du personnage. Dans *Tootsy*, Mickael se met en position de conquérir la femme qu'il aime lorsqu'il comprend la nécessité d'être honnête et sincère, surmontant ainsi sa tendance à mentir et à manipuler ses proches.

Sur ce sujet, Alfred Hitchcock, évoquait ce qu'il appelait le « *MacGuffin* » (un nom qui aurait été inventé par le scénariste écossais Angus MacPhail). Le *MacGuffin*, c'est le coffre au trésor, le bijou à voler, la bombe à désamorcer, c'est-à-dire le désir du héros. Voici ce qu'Hitchcock en dit dans le livre d'entretiens réalisé par François Truffaut *Le Cinéma selon Hitchcock* :

> « Mon meilleur *MacGuffin* (et, par meilleur, je veux
> dire le plus vide, le plus inexistant, le plus dérisoire)
> est celui de *La mort aux trousses*. C'est un film
> d'espionnage, et la seule question posée par le scénario
> est : "Que cherchent ces espions ?" Or, au cours de la
> scène sur le champ d'aviation de Chicago, l'homme
> de la CIA explique tout à Cary Grant qui lui demande
> en parlant du personnage de James Mason : "Qu'est-ce
> qu'il fait ?". L'homme du contre-espionnage répond :
> "Disons que c'est un type qui fait de l'import-export.
> – Mais qu'est-ce qu'il vend ? – Oh, juste des secrets du
> gouvernement !"
> Vous voyez que, là, nous avions réduit le *MacGuffin* à
> sa plus pure expression : rien du tout. »

C'est peut-être cette vision d'Hitchcock qui amène Truby à dire que le désir du héros, en vérité, ne représente rien du tout ou, du moins, rien d'autre qu'un leurre que l'on agite sous le nez du spectateur/lecteur. Ce qui importe, c'est la façon dont le héros va répondre à son véritable <u>besoin</u>, à ce qui lui manque.

Empathie et sympathie

Une autre des réflexions de Truby m'a semblé digne d'intérêt :

> « Le public doit ressentir de l'empathie pour le héros,
> et non de la sympathie »
>
> John Truby – *Anatomie du scénario*

À de nombreuses reprises dans ce qui précède, j'ai insisté sur le besoin du public de se forger ses propres jugements, sa propre interprétation des événements qui jalonnent l'histoire. Cela nécessite qu'il puisse prendre un minimum de distance par rapport aux opinions que défendent les personnages et/ou le narrateur. L'histoire doit proposer divers points de vue entre lesquels il pourra osciller. Si vous tentez de l'entraîner dans une sympathie trop profonde ou trop exclusive avec votre personnage principal, vous lui rendrez les choses difficiles. Malheureusement, si le public se sent enfermé dans un piège, c'est de votre histoire tout entière qu'il s'éloignera sans doute. Par ailleurs, si l'idée de construire un héros aimable vous obsède, vous ne parviendrez pas à lui attribuer les défauts et les faiblesses indispensables à sa crédibilité.

Truby propose d'abandonner entièrement le projet de rendre votre protagoniste principal sympathique. Ce qui importe, c'est que le public entre en *empathie* avec lui, ce qui nécessite que vous lui fournissiez toutes les clés permettant de comprendre les motivations de ce personnage. «Comprendre» ne veut pas dire «excuser». Votre objectif consiste à ce que le public se demande comment il aurait réagi s'il s'était trouvé dans la même position que votre personnage, avec le même passé, le même désir et les mêmes faiblesses.

Dans la comédie classique, telle que celle de Molière, le héros, bien que très sympathique, est un peu stupide et ne parviendrait à rien sans l'aide de son valet. Le valet, malin comme un renard, est souvent immoral et manipulateur. L'antagoniste (le père du héros, dans la plupart des cas) est égoïste et suffisamment idiot pour se laisser manipuler par le valet. Vous constatez que, dans chacun des cas, on fournit au public de bons arguments pour garder ses distances et se forger ses opinions en allant piocher dans toutes celles des personnages. À l'acte 1, on entre en sympathie avec le héros; à l'acte 2, on admire l'adresse du valet et l'on s'agace contre le héros qui a montré ses faiblesses; à l'acte 3, on est pris de pitié pour l'antagoniste dont on voit bien qu'il va perdre la partie.

Toutefois, depuis l'époque où ce schéma emportait l'adhésion du public, l'histoire des histoires a connu une formidable évolution. Celles qui connaissent aujourd'hui le succès sont bien plus tortueuses que les comédies de Molière. Autrefois, les principes du gentil s'opposant à un méchant, du faible contre le fort ou du bien luttant contre le mal suffisaient à passionner les foules. Il en faut désormais davantage. La fonction générale des histoires demeure exactement la même, mais le procédé consistant à construire un héros sympathique et stupide a été essoré dans les comédies françaises et italiennes qui amusaient encore le public à la fin des années soixante-dix. À moins de vous sentir capable de renouveler ce genre, oubliez la sympathie, et concentrez-vous uniquement sur l'empathie.

Votre personnage principal doit certainement être attachant, mais pas nécessairement charmant. La bêtise est très loin d'être la seule faiblesse que vous avez la possibilité de lui attribuer.

> « Les héros modernes sont tous des antihéros parce qu'ils ne sont pas des modèles. Ils ne sont pas des exemples à suivre, mais des miroirs dans lesquels nous pouvons nous voir. »
>
> Michel Foucault – Entretien dans le journal *Le Monde*, 23 mai 1984

Pense-bête

Dans *Personnages et point de vue*, Orson Scott Card dresse une liste assez complète d'éléments permettant de caractériser un personnage. Dans le chapitre consacré aux enjeux, j'ai déjà développé la question des motivations et j'aborderai certains autres points dans ce qui suivra, mais voici déjà la liste d'Orson Scott Card qui sera certainement utile comme pense-bête :

- Les actes (et les propos) du personnage ;
- Les motivations (apparentes et réelles) ;
- Le passé ;
- La réputation ;
- Le stéréotype (physique ou comportemental) ;
- Le réseau (amical, professionnel ou autre) ;
- Les habitudes, manies, tics et tocs ;
- Les talents et aptitudes ;
- Le physique.

Orson Scott Card nous fait remarquer que ces divers éléments d'appréciation nous sont rarement délivrés en un seul bloc dans la vie réelle. Il est par exemple fréquent que nous entendions parler d'une personne avant de la rencontrer. Une bonne façon d'approfondir et de donner de l'importance à un personnage consiste donc à distiller des informations appartenant à ces différents registres au fur et à mesure de l'avancée du récit.

Tous vos personnages méritent votre respect

Construire son personnage principal avec application, c'est très bien. Il ne faudrait pas, pour autant, oublier d'accorder du soin à tous les autres, et en particulier à l'antagoniste (l'adversaire) de votre héros. Je rappelle que l'antagoniste n'est pas forcément un grand vilain mal rasé, malpoli et boiteux. Dans le cas d'une histoire d'amour ou de séduction (comme *Tootsy*), il s'agit de la personne à séduire, puisque c'est elle qui résiste à l'accomplissement du désir du héros. Dans le cas d'une histoire racontant la conquête de l'Everest par un aventurier solitaire, l'antagoniste est souvent le héros lui-même, puisqu'il doit se battre contre ses doutes et ses faiblesses pour atteindre son objectif. Le personnage principal remplit alors la double fonction de protagoniste et d'antagoniste, et la confrontation a lieu dans son esprit. Ou bien, on personnifie la nature (la neige, le froid, les animaux sauvages, etc.) jusqu'à en faire un antagoniste convaincant.

Ce qu'il y a de merveilleux avec les histoires, c'est qu'elles parviennent à explorer sans cesse de nouveaux terrains de confrontation, de nouveaux enjeux, de nouvelles formes de crises et de transformations sur la base de principes invariables. L'un de ces principes, c'est que l'antagoniste est un miroir du protagoniste qui est lui-même un miroir du public. Rien ne dit pourtant que ces miroirs sont fidèles. Rien de dit non plus qu'ils n'ont pas des propriétés magiques. Et puis, dans l'expression « jeu de miroirs », il y a le mot « jeu ».

Tout cela me donne envie de jouer avec l'idée du gentil et du méchant.

Le méchant est votre ami

« Les auteurs commettent souvent l'erreur de penser
l'adversaire, personnage également connu sous le
nom d'"antagoniste", comme celui qui incarne le mal,
de par son physique et ses actions. Si vous concevez
l'adversaire de cette façon, vous ne pourrez jamais
écrire une bonne histoire. »

John Truby – *Anatomie du scénario*

On ne compte plus les histoires qui choisissent d'illustrer un combat du bien contre le mal, d'un « gentil » qui s'oppose à un « méchant ». L'idée est bien entendu de permettre au lecteur/spectateur de s'identifier au gentil et de lui donner les clés qui lui offriront la victoire (dans la comédie) ou de mourir avec honneur (dans la tragédie).

Si les comédiens débutants espèrent en général se voir confier le rôle du gentil (le jeune premier, par exemple), on constate que les acteurs expérimentés ne rechignent pas, exigent même quelquefois, d'être l'incarnation du côté obscur de la Force. Pourquoi diable vouloir se glisser dans la peau du méchant ? Peut-être, tout simplement, parce que le rôle du gentil n'est pas si intéressant que cela.

Le gentil est souvent un personnage lisse, sans grande saveur, qui doit être suffisamment neutre pour permettre à tout un chacun de s'y identifier. Dans la comédie, il est tristement bêta et serait incapable de résoudre les difficultés qui se présentent à lui sans l'aide de ses amis ou de son valet (chez Molière en particulier). Dans la tragédie, il se laisse enfermer dans le piège du destin et n'a pas le courage ni la force de vaincre les conventions sociales, la loi (divine ou terrestre), les croyances, le système qui le tient prisonnier et va le mener vers une issue fatale. Le héros de tragédie n'a « pas de bol » et on s'en trouve souvent agacé au point d'avoir l'envie de lui botter les fesses en lui disant « arrête de subir, remue-toi un peu ! »

Il n'y a guère que le superhéros ou l'antihéros, versions modernes du héros tragique, qui présentent un intérêt par l'ambiguïté qu'ils comportent (une part d'eux est monstrueuse).

Le méchant est un personnage bien plus complexe. Remarquons d'abord que dans le schéma classique de la comédie, le méchant est l'exact opposé du gentil qui va l'affronter. À gentil généreux, méchant avare, à gentil courageux, méchant lâche, à gentil honnête, méchant menteur et manipulateur. Dans la même logique, le côté lisse et sans saveur du gentil transforme le méchant en personnage ambigu et savoureux. Le côté naïf (pour ne pas dire stupide) du gentil fait du méchant quelqu'un d'intelligent, souvent rusé. Notez d'ailleurs que si le gentil a presque toujours besoin de quelqu'un pour le défendre, le méchant doit généralement se débrouiller seul pour lui faire face (car personne ne l'aime et personne ne voudra l'aider). Le jeu ne serait pas équilibré si le méchant n'avait pas un solide sens pratique et un minimum de machiavélisme.

 3. La construction des personnages

Dans la tragédie, le méchant incarne une force divine ou diabolique, ce qui lui confère évidemment une aura et une majesté enviables. Ce rôle de représentant le dote d'une connaissance occulte qui surpasse largement celle du héros, mais qui ne l'empêche pas d'être torturé. Son corps ne peut contenir sans dommage le feu maléfique qui brûle en lui. On devine qu'il souffre finalement autant (voir plus) que le héros. Mais c'est un être responsable : il agit et assume pleinement ce qu'il fait. Ses actes et ses paroles vous semblent discutables ? Discutez-en donc avec lui : vous constaterez qu'il a du répondant. Il sait pourquoi il se bat, et s'il exprime parfois quelques remords, il n'a pas de regrets. Le méchant n'est pas une femmelette. Même si son destin lui est imposé par la puissance divine ou diabolique qui le possède, il ne se plaint pas : il serre les dents et défend sa position vaille que vaille. Quand il est torturé, il garde ses problèmes pour lui et ne pleure pas dans votre giron. S'il n'est pas certain qu'il ait pleinement mérité son statut, il l'incarne avec panache.

Tant que le gentil ne vient pas tout gâcher, le méchant est craint et respecté (et donc respectable). Il démontre sa force dans une brutalité et une cruauté de bon aloi. C'est une méthode de gestion simple, sans doute, mais elle est efficace. Même si le méchant n'est pas très propre sur lui, il a de la classe.

Si le gentil n'était pas si envieux et égoïste, il laisserait le méchant en paix au lieu de chercher à lui piquer sa place ou à contrarier ses projets. Si le valet de la comédie ou le destin de la tragédie n'était pas là pour lui filer un coup de main, on constaterait facilement que le gentil n'a pas une carrure suffisante pour prétendre occuper le fauteuil du méchant. Il n'est qu'un pâle usurpateur.

Le méchant est toujours tragique dans la mesure où le scénario ne lui accorde aucune chance. Il porte le poids d'une faute passée, une erreur d'aiguillage. Dans la mesure où cette erreur a été souvent commise avant le début de l'histoire, on peut considérer qu'elle symbolise le péché originel, ce qui fait du méchant un être humain, même si ses actes et son apparence n'en rendent plus vraiment compte. En d'autres temps, en d'autres lieux, le méchant aurait pu être un héros d'envergure. Il l'a peut-être été jadis (cette idée est implicite dans la comédie de théâtre, puisque le méchant y est fréquemment représenté par le père). Avant de se coiffer de cornes et de porter sa fourche, Satan n'était-il pas un ange? Cet ange déchu est-il vraiment coupable de la colère divine qui l'a rendu maître de l'Enfer?

Dans les tragédies, le héros ne cesse de s'interroger : Pourquoi moi? Qui suis-je? Que puis-je faire? Comment résister? Il ne comprend rien à ce qui lui arrive et c'est le destin qui se charge de l'amener vers sa fin. Le héros est une victime qui n'agit pas (ou alors de façon mécanique, c'est à dire irresponsable), il pense, il se plaint, il hésite... il nous fatigue.

Et puis, admettez-le, le « méchant » n'est méchant que d'après votre morale. Que lui reproche-t-on? De défendre son bifteck que le gentil veut lui voler, et/ou son admirable machination que le gentil veut saboter. En quoi est-ce un crime? Avez-vous seulement une idée du temps et de l'énergie qu'il lui a fallu pour mettre en place son organisation diabolique? Croyez-vous qu'il va assister à sa propre perte sans lever le petit doigt? Destructeur? Mais qui cherche à détruire l'ordre que le méchant a établi? N'est-ce pas le gentil? Et n'est-ce pas autrement plus grave? Et lorsque c'est effectivement le méchant qui fait exploser des bombes ici et là, n'est-ce pas bigrement utile à l'instauration du monde idéal dont rêve le gentil? Pour construire une maison neuve, il faut d'abord raser l'ancienne. Le gentil ne sait même pas comment démarrer un bulldozer.

Le méchant n'est pas toujours charmant. Mais est-ce sa faute? A-t-il choisi sa bosse, sa grosse mâchoire et son crochet au bras gauche? S'il n'est pas bien coiffé, c'est peut-être parce qu'il a mieux à faire que de courir les filles!

Le méchant est LA victime de l'histoire. Ce n'est pas parce qu'il a l'élégance (et le tact) de ne pas s'en plaindre qu'on doit l'oublier. Si vous aviez du cœur, vous n'encourageriez pas le gentil, qui n'a pas besoin de vous. Vous applaudiriez le méchant qui s'en prend plein la figure, mais continue à se battre avec une persévérance admirable. Et à la fin de l'histoire, au lieu de lui cracher dessus et de lui reprocher son manque d'amour, vous feriez preuve d'un peu plus de compassion.

     3. La construction des personnages

S'il nous exposait sa version des faits, nous constaterions que le méchant a de bonnes raisons d'agir comme il le fait. Ses actes, lorsqu'ils semblent négatifs, ne font que préparer le futur règne du gentil. Il n'est qu'un bouc émissaire qui se tape tout le sale boulot sans en tirer la moindre reconnaissance. Le gentil s'installe dans son trône sans l'avoir vraiment mérité. Où est la morale, je vous le demande !

Admettez-le : le méchant incarne l'idéal que vous n'avez pas la force de poursuivre. Quand vous serez grand(e), c'est à lui que vous aurez envie de ressembler. Si vous êtes si aussi admirable que vous le pensez, vous aurez peut-être réussi à préserver les quelques principes qui – selon vous – lui font défaut.

Commencez par lui témoigner votre amour, sans quoi vous ne valez pas mieux que lui.

Les arcs narratifs des personnages

Au cas où l'expression « arc narratif » ne vous serait pas familière, je vais en proposer une définition simple : l'arc narratif d'un personnage, c'est la façon dont il s'accroche à un enjeu et tente de le résoudre, quitte à en sortir transformé. En d'autres termes, c'est l'histoire du personnage à l'intérieur de l'histoire principale.

Je ne doute pas que, même sans connaître cette expression, vous aviez déjà en tête de doter votre personnage principal d'un arc narratif. L'idée que je veux défendre, c'est que tous les personnages (et, en particulier l'antagoniste, l'adversaire) doivent avoir leur propre arc narratif.

Voyons d'abord la question de l'antagoniste : son rôle le plus visible consistant à compliquer la vie du personnage principal, on peut voir les choses naïvement en se disant que son enjeu se résume à cette fonction. Mais cette approche simpliste peut aboutir à des histoires très ennuyeuses dans lesquelles le méchant est méchant parce qu'il aime bien être méchant. L'auteur aura oublié de penser son antagoniste comme un véritable personnage, doté de désirs, de faiblesses et de besoins. Le rôle essentiel de l'antagoniste n'est pas de faire obstacle au protagoniste, mais de proposer au public un point de vue enrichissant. À ce titre, son arc narratif est aussi important et doit faire l'objet d'autant de soins que celui du personnage principal. Faites confiance au public pour choisir le camp qui lui conviendra le mieux. Respectez-le, ne lui forcez pas la main. Donnez-lui au contraire tous les arguments qui lui permettront de se bâtir son opinion en toute liberté, quelle que soit celle que vous entretenez vous-même au sujet de votre histoire.

Il faut toutefois avoir conscience du danger que présente cette construction multiple : elle consiste à élaborer deux histoires (celle du protagoniste et celle de l'antagoniste) qui se dérouleront au sein d'une seule. Cela semble aller à l'encontre de ce que je recommandais dans la première partie de cet ouvrage : « Dotez votre histoire d'un sens principal, qui domine largement tous les autres ». Si l'enjeu de votre antagoniste prend trop de place, il risque de parasiter l'esprit du public en brouillant les cartes. En vérité, ce danger n'existe que si l'enjeu de l'antagoniste n'appartient pas au même thème que celui du protagoniste.

Voilà une excellente raison de revenir sur cette question du thème que j'ai déjà abordé précédemment. De quoi parle votre histoire ? Qu'importe qu'elle se déroule sur la planète Zorg ou dans un village d'Ardèche, qu'importe son *skin*, qu'importe les difficultés d'argent ou les peines d'amour de votre héroïne... Quel est votre véritable sujet ? Le courage ? La vanité ? La confiance en soi ? La rédemption ?

Si les arcs narratifs du protagoniste et de l'antagoniste illustrent tous les deux le même thème, alors votre histoire sera d'autant plus convaincante qu'elle permettra de l'explorer par des voies différentes. Des voies contradictoires, éventuellement. Mais pas nécessairement. Supposons par exemple que vous ayez choisi la fidélité comme thème principal, et que votre héroïne soit empêchée de satisfaire son désir en raison de son obsession pour les valeurs morales. Son antagoniste pourrait avoir l'habitude de trahir tout le monde, si vous estimez que la trahison est le contraire de la fidélité. Mais est-ce bien nécessaire ? Le public sera certainement en mesure d'imaginer ce qu'il se passerait si votre protagoniste était moins braquée sur ses principes. Dès lors, est-il nécessaire de le lui démontrer à travers les actions de l'antagoniste ? Ne serait-il pas plus intéressant de concevoir un antagoniste capable de gérer la fidélité *autrement* ?

Par ailleurs, la plupart des histoires ne se contentent pas de confronter les visions de deux personnages : elles comportent fréquemment des personnages secondaires qui devraient avoir droit, eux aussi, à leurs propres arcs narratifs illustrant d'autres aspects du thème, même si c'est de façon plus expéditive. La thématique principale de *Tootsy* s'intéresse à la difficulté d'être une femme dans notre société et s'incarne habilement dans l'ensemble des personnages de l'histoire : Ron, le producteur, trompe Julie, lui ment, puis se justifie en lui disant qu'il l'aurait fait souffrir en lui avouant la vérité ; Julie, dont Mickael est amoureux, laisse les hommes abuser d'elle ; John profite de son statut pour séduire et abandonner les actrices qui travaillent avec lui ; Sandy manque à ce point de confiance en elle qu'elle se sent coupable des déboires que Mickael lui fait vivre et s'en excuse ; Les, le père de Julie, traite les femmes avec un immense respect, même s'il s'avère incapable de choisir la bonne ; Rita, la productrice, refoule sa féminité pour conserver sa position.

Bien sûr, si vous développez trop précisément les arcs narratifs de vos personnages secondaires, votre histoire risque de sembler brouillonne, même si vous avez pris soin de les raccrocher tous à votre thématique. Est-il nécessaire que ces divers arcs aboutissent tous à une transformation ? Probablement pas, et c'est exactement ce qui en fera des personnages secondaires : leur arc narratif s'achèvera pendant ou après la crise, sans que l'histoire n'évoque leur transformation (même si elle est envisageable). Si vous adhérez à l'idée qu'une histoire est entièrement construite autour du principe de transformation, alors, vous vous souviendrez que vous êtes en train de raconter celle du héros ou de l'héroïne, et non celle des personnages secondaires.

Dans tous les cas, vous devez au moins faire en sorte que les personnages d'arrière-plan ne soient pas réduits à une simple fonction, même si elle est parfaitement justifiée. Ils doivent donner l'apparence de la réalité, et cela ne peut se faire qu'en les dotant d'un minimum de complexité, d'un désir et d'une faiblesse, par exemple.

> « Chaque personnage doit vouloir quelque chose, même si c'est un verre d'eau. »
>
> Kurt Vonnegut, dans la préface de *Bagombo Snuff Box*

Il importe seulement de ne pas confondre « personnages secondaires » et « figurants ». Les figurants (le chauffeur de taxi, la réceptionniste, etc.) ne sont pas de véritables personnages. Ils sont des éléments de décors, au même titre que les meubles qui occupent vos espaces. S'ils n'ont pas plus de deux répliques, que leurs actions n'ont pas grande importance et qu'on ne les aperçoit qu'une seule fois dans l'histoire, il n'est probablement pas utile de les caractériser. Bien au contraire, votre récit sera certainement plus fluide si le public ne s'arrête pas sur eux.

     3. La construction des personnages

Mais si un personnage s'avère indispensable à l'avancée du récit en raison de ses compétences ou de ses connaissances, vous ne pouvez pas en faire une simple marionnette sans donner l'impression que vous vous moquez du public.

S'il y a un personnage-cliché qui me donne des boutons, c'est celui du *geek* qui est apparu dans un nombre extraordinaire de films au cours des dernières décennies. Ça ne vous dit rien ? Au moment précis où le héros ou l'héroïne en ont besoin surgit ce *geek* capable de pirater n'importe quel appareil ou système informatique en moins d'une demi-heure. Il accepte (ou propose) de donner un coup de main sans demander quoi que soit en retour (à part, éventuellement, une part de pizza), alors qu'il prend des risques énormes. L'histoire se termine souvent assez mal pour lui. Pourquoi fait-il ça ? Avec son talent, il pourrait devenir milliardaire en deux temps trois mouvements en détournant l'argent de la banque Rothschild, ce qui s'avérerait probablement moins dangereux que de hacker le ministère de la Défense comme le héros l'exige. N'a-t-il aucun désir personnel ? Aucun besoin ? Aucun autre intérêt que de rendre service ? Qu'a-t-il de crédible ? Qu'a-t-il d'humain ?

Il semble qu'aucun scénariste n'a jamais été capable d'éprouver un peu de compassion pour ce pauvre personnage de carton-pâte. Personne n'est parvenu à éviter le ridicule que provoque son évocation, même avant qu'il ne devienne un cliché usé jusqu'à la corde.

Faites-moi plaisir : ne mettez pas un *geek* de ce genre dans l'une de vos histoires. Réinventez-le, si vous en avez besoin.

L'imprévu est une promesse

J'ai dit plus haut, à plusieurs reprises, que l'auteur devait s'interroger sur le sens de sa création, et sur le sujet qu'il se trouve principalement en train de traiter, sans en avoir forcément conscience. La réponse à la question « Qu'est-ce que je suis en train d'essayer de dire ? » n'émerge pas toujours facilement. Il n'est pas rare qu'il soit nécessaire de se relire, encore et encore, en se demandant pourquoi on a placé ses personnages dans telle ou telle situation.

Ou bien le problème est ailleurs : l'auteur sait parfaitement où il va, il pousse ses personnages dans une direction bien réfléchie, afin que l'intrigue qu'il a en tête avance vers sa résolution. Mais ces fichus personnages lui résistent ! Ils jouent leurs rôles et récitent leurs textes sans la moindre conviction, comme s'ils ne parvenaient pas à croire à ce qu'ils font. Pourquoi ?

> « J'ai toujours dit qu'il y avait deux types d'écrivains. Il y a les architectes et les jardiniers. Les architectes créent des plans avant même d'enfoncer le premier clou, ils conçoivent toute la maison : l'emplacement des tuyaux et le nombre de chambres, la hauteur du toit. Ils ont tout prévu, contrairement, aux jardiniers, lesquels estiment qu'il suffit de creuser un trou et semer la graine pour voir ce qui arrive. Je pense que tous les écrivains sont à la fois des architectes et des jardiniers, mais ils ont tendance à tendre vers un côté ou vers l'autre, et je suis certainement plus jardinier. »
>
> G.R.R. Martin – Interview accordée à *The Sydney Morning Herald*

Que vous soyez architecte ou jardinier, lorsque vos personnages vous posent des difficultés, je vous suggère d'enfiler une paire de gants et de vieux vêtements que vous n'aurez pas peur d'abîmer, d'attraper une pelle et de vous mettre à creuser. Creusez encore. Encore ! Votre limite, c'est l'ampleur de votre courage et de votre détermination. Il y aura peut-être de vilaines choses dans le trou que vous approfondissez, des odeurs déplaisantes, des substances dégoûtantes, et probablement des souvenirs que vous n'aimerez pas voir remonter. Cela ne devrait pas vous arrêter tant que vos questions n'ont pas de réponses, tant que vous n'avez pas découvert votre trésor. Il y a là, au contraire, de quoi vous motiver.

L'important n'est pas la direction que vous prenez : vous pouvez agrandir votre trou dans le sens de la largeur ou de la longueur. L'objectif est d'aller là où vous n'étiez jamais allé jusqu'alors, de trouver quelque chose que vous n'aviez pas soupçonné ou dont vous aviez refusé l'existence. C'est pour cela que je vous propose de saisir une pelle : il est très probable que vous avez déjà exploré la surface des choses, que vous avez une idée raisonnablement précise du paysage. Mais en dessous ? Si vous adhérez à l'idée selon laquelle l'art n'est pas une alchimie, mais une découverte, vous admettrez que les découvertes ne se font pas sans esprit d'aventure ni sans persévérance. Peut-être aurais-je dû vous inviter à monter dans une montgolfière ou une fusée ?

> « Les hommes qui ont une foi excessive dans leurs théories ou dans leurs idées sont non seulement mal disposés pour faire des découvertes, mais ils font aussi de très mauvaises observations. Ils observent nécessairement avec une idée préconçue, et quand ils ont institué une expérience, ils ne veulent voir dans ses résultats qu'une confirmation de leur théorie. Ils défigurent ainsi l'observation et négligent souvent des faits très importants, parce qu'ils ne concourent pas à leur but. C'est ce qui nous a fait dire ailleurs qu'il ne fallait jamais faire des expériences pour confirmer ses idées, mais simplement pour les contrôler ; ce qui signifie, en d'autres termes, qu'il faut accepter les résultats de l'expérience tels qu'ils se présentent, avec tout leur imprévu et leurs accidents »
>
> Claude Bernard – *Introduction à l'étude de la médecine expérimentale*

Placer des personnages dans une situation donnée est une expérience. Il faut savoir l'observer et ne tirer ses conclusions qu'après coup. L'imprévu, tout ce qui échappe à la volonté initiale de l'auteur, tout ce qui lui résiste mérite son attention. L'imprévu est une promesse. Si vos personnages semblent perdus, ou bien s'ils refusent d'emprunter le chemin que vous avez dessiné pour eux, c'est peut-être parce qu'ils ont quelque chose d'intéressant à vous révéler. Creusez.

Ce que vous exhumerez ne regarde que vous. Rien ne vous oblige à le partager avec le lecteur ou le spectateur. L'idée n'est pas de faire de l'exhibitionnisme (à moins que n'en ayez très envie, mais ça ne ravira pas forcément votre public). Rien ne vous oblige non plus à mettre vos personnages au courant de ce que vous avez découvert à leur sujet. Bien que nous affirmions le contraire, nous ignorons la plupart du temps pourquoi nous agissons comme nous le faisons, et il est sans doute bon que vos personnages éprouvent le même genre de difficulté. Ce qui importe, c'est que vous mettiez le doigt sur quelque chose de neuf (au moins pour vous) et que cette découverte guide et illumine votre création.

Pourquoi vos personnages font-ils ce qu'ils font ? Pourquoi font-ils les choses de la façon dont ils les font ? Pourquoi vous-même, si vous étiez à leur place, feriez-vous ce qu'ils font, de cette façon-là ?

Pourquoi vos personnages résistent-ils à l'élan que vous voulez leur donner ? Qu'est-ce qui les gêne ? Qu'est-ce qui *vous* gêne ?

> « La chose la plus importante est la curiosité.
> La curiosité de s'interroger, de réfléchir et de se
> demander pourquoi l'homme fait ce qu'il fait.
> Si vous avez cela, alors je ne pense pas que le talent fasse
> une grande différence, que vous l'ayez ou non. »
>
> William Faulkner
> Conférence de presse à l'université de Virginie, 20 mai 1957

J'ai déjà évoqué plus haut les principes de la peur et de l'espoir qui peuvent nous amener à accomplir n'importe quoi, y compris les choses les plus folles. Mais c'est un peu court. D'où sortent cette peur et cet espoir ? Qu'est-ce qui les a fait naître ? Pourquoi cette peur-là, et pas une autre ? Pourquoi Kévin tient-il autant à séduire Léa, plutôt que de gaspiller son temps sur des jeux vidéo ? Pourquoi Léa résiste-t-elle ? Il est pourtant beau, votre Kévin, avec ses grandes dents. Qu'est-ce qui la retient ? De quoi a-t-elle peur ? *Pourquoi* a-t-elle peur ?

La voie la plus souvent conseillée consiste à inventer un passé détaillé à vos personnages (un *backstory* dans le langage des scénaristes), à dresser des fiches descriptives de leurs caractéristiques physiques, qui leur garantiront une cohérence. Il est vrai que beaucoup de nos actions et réactions dépendent de ce que nous avons vécu. Il est également vrai qu'elles relèvent en partie de notre apparence (grand, petit, beau, laid, etc.)

Sommes-nous, pour autant, entièrement *déterminés* par ces paramètres ? Comment expliquer alors que certains enfants, presque vierges de toute expérience, abordent la vie en souriant, quand d'autres naissent en hurlant de colère ?

Pourquoi ?

C'est votre réponse qui importera. À moins que vous ne vous intéressiez à une autre question qui ne m'est pas venue à l'esprit. C'est vous le boss. Mais quand vous butez sur quelque chose, réjouissez-vous ! Il s'agit probablement d'un trésor.

> « Tout obstacle est
> un point d'appui
> potentiel. »
>
> Devise des éditions
> Humanis

Pulsions, émotions et sentiments

Je vais m'aventurer sur les terres des neurosciences sans autre prétention que de faire quelques propositions aux auteurs d'histoires. Si vous êtes expert dans ce domaine ou en psychologie, vous serez probablement choqué par leur naïveté et leur non-conformisme. Qu'importe ! Elles ne sont pas conçues pour les personnes réelles, mais pour les êtres imaginaires que sont les personnages de fiction.

Les personnages de fictions sont dotés d'un cerveau organisé en trois blocs qui ont bien du mal à communiquer entre eux et avec leur conscience :

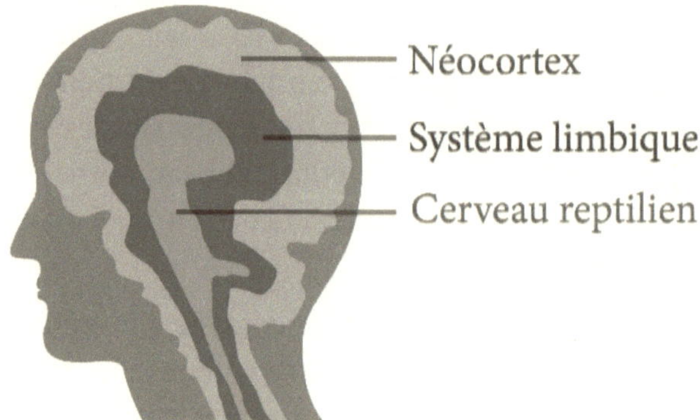

- <u>Le cerveau reptilien</u> qui prend le dessus dans les moments de crise et qui les amène à se comporter comme des bêtes sauvages en suivant aveuglément leurs **pulsions**. Non seulement les personnages sont incapables de contrôler cette partie d'eux-mêmes, mais ils sont généralement inconscients de ce qui s'y passe. *L'Étrange cas du docteur Jekyll et de M. Hyde*[42] illustre très bien cette idée : le docteur Jekyll n'a qu'une très vague idée des méfaits qu'il commet quand il se transforme en M. Hyde. Les pulsions naissent *avant* l'action dont elles sont les *moteurs*. La plupart des personnages ne parviennent pas à réfréner leurs pulsions (sauf ceux qui portent des lunettes, et encore…)

---

42   De Robert Louis Stevenson.

- Le <u>système limbique</u> dans lequel naissent leurs **émotions** (joie, tristesse et colère, par exemple). Ces émotions sont le *résultat* des événements. Ils naissent après l'action. Les personnages ne prennent conscience de leurs émotions que par les signes physiques qu'ils produisent en eux (lorsqu'ils pleurent ou qu'ils rient, par exemple). Ils s'escriment alors à trouver les causes de ces émotions et se trompent souvent à ce sujet. Par exemple, un personnage s'imagine qu'il est en colère à cause de quelqu'un, alors qu'en réalité, il est amoureux de ce quelqu'un et en colère parce qu'il ne se donne pas le droit d'être amoureux. En tant qu'auteur, il est très amusant de jouer avec les erreurs que les personnages peuvent commettre dans l'interprétation de leurs propres émotions et de celles des autres personnages.

- Le <u>néocortex</u> dans lequel se développent les **sentiments** (amour et haine, par exemple). Les sentiments sont des *forces* qui motivent les actions des personnages et qui, dans ma vision, sont toujours orientées en direction de quelqu'un ou de quelque chose (la culpabilité est orientée en direction de soi-même). Ils se développent *avant* l'action. Les personnages sont *conscients* de leurs sentiments sur lesquels ils parviennent parfois (mais pas toujours) à exercer une certaine influence. Ils peuvent, en particulier, réfréner leurs sentiments, ce qui explique que ces derniers ne débouchent pas toujours sur une action, contrairement à ce qui se passe la plupart du temps avec les pulsions.

Le fait de considérer ces blocs comme indépendants (ce qui est assez peu le cas dans la réalité, si j'ai bien compris ce que j'ai pu lire à ce sujet) est intéressant pour un auteur de fiction, parce que cette idée l'amène à examiner sous trois angles différents ce qui peut motiver les états et les comportements de ses personnages.

Dans ma vision des choses, les **pulsions** sont au nombre de quatre :

- La peur (ou la crainte ou l'angoisse) ;
- L'espoir (ou le désir) ;
- L'instinct de survie (de l'individu, de la société ou de l'espèce) ;
- La pulsion de mort (et de destruction).

Les **émotions** sont nombreuses au point que je ne saurais en dresser une liste complète. En voici tout de même une : honte, colère, désespoir, amusement, joie, tristesse, ennui, mélancolie, frustration, étonnement…

Les **sentiments** sont tout aussi nombreux : sympathie, amitié, amour, haine, culpabilité, dégoût, méfiance, mépris, jalousie, envie...

Les **émotions** nourrissent les **sentiments** et les **pulsions**.

Il ne reste plus qu'à faire tourner tout cela en boucle pour que nos personnages avancent.

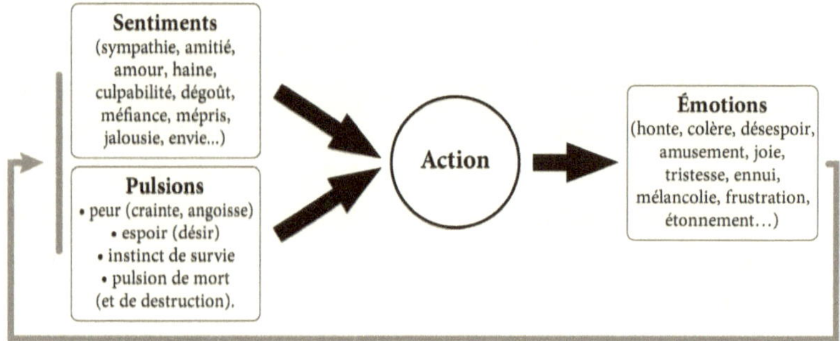

3. La construction des personnages

Quelques autres idées piquées à la psychanalyse

Je n'ai pas davantage de formation en psychanalyse qu'en neuroscience. Les résumés ci-dessous ne visent qu'à y puiser des idées dans le but d'écrire une histoire.

Selon ce que j'ai compris de Freud, nos personnalités sont composées comme suit :

- Le <u>Ça</u> est la partie la plus primitive de la personnalité. Il est le siège des pulsions et des instincts, tels que la faim, la soif, le désir sexuel, l'agressivité, etc. Le Ça est régi par le principe de plaisir, qui cherche à satisfaire les pulsions de manière immédiate et sans tenir compte des contraintes de la réalité.
- Le <u>Moi</u> est la partie de la personnalité qui est en contact avec la réalité. Il est chargé de réguler les pulsions du Ça, de façon à ce qu'elles soient satisfaites de manière socialement acceptable. En d'autres termes, le Moi cherche à trouver des compromis entre le Ça, le Surmoi et la réalité quotidienne.
- Le <u>Surmoi</u> est la partie de la personnalité qui représente les normes et les valeurs de la société. Il est chargé de contrôler le Moi et de le maintenir dans le droit chemin. Le Surmoi est formé par l'éducation et les expériences de l'individu. Il est régi par le principe de perfection, qui vise à atteindre l'idéal de perfection fixé par la société.

J'aime bien l'idée du Surmoi que je conçois comme une sorte de père Fouettard qui nous obligerait à obéir à certains principes ou à certaines conventions, même quand cela se fait à notre désavantage. Comme si Big Brother était venu habiter dans nos têtes pour nous pourrir la vie.

Le sadisme de l'auteur envers ses personnages

« J'ai simplement imaginé un groupe de personnes et
les ai soumis aux catastrophes naturelles universelles
que sont les inondations et les incendies, avec une
motivation qui orienterait leur évolution. »

William Faulkner à propos de *Tant que j'agonise*
Interview de 1956 avec Jean Stein – *Paris Review*

Les personnages auxquels l'auteur donne vie sont des ingrats insupportables. Au lieu de se montrer dociles et de se plier à ce qu'on leur demande, ils rechignent, résistent et n'en font qu'à leur tête. Ils obligent l'auteur à suer sang et eau pour leur inventer des motivations qui leur conviennent, et quand ils les acceptent enfin, ils en profitent pour partir dans des directions imprévues qui compliquent l'accomplissement de l'intrigue.

Fort heureusement, l'auteur est pourvu de tous les outils nécessaires pour exercer sur eux une vengeance implacable en se montrant sadique au dernier degré. Dans ce domaine, n'ayez pas peur d'y aller à fond, c'est ce que tout le monde attend de vous. De toute façon, vos personnages méritent de souffrir.

Méfiez-vous des gars costauds, surtout lorsqu'ils sont grands et poilus, ils ne se laissent pas faire facilement. Si un tel personnage fait partie de votre galerie, ça n'est vraiment pas de chance. Mettez en face de lui, ou à côté de lui, quelqu'un de faible. Car, le mieux, sans aucun doute, est de vous acharner sur les plus faibles de vos personnages. Ils sont plus faciles à faire pleurer et c'est ce que le public attend : qu'ils souffrent, qu'ils pleurent, qu'ils en bavent des ronds de chapeau, qu'ils en voient de toutes les couleurs, qu'ils en viennent à maudire la vie. Le public pleurera avec eux et le public aime pleurer.

Soyez mesquin, quand c'est possible.

Nos défauts nous rendent aimables

Aimerions-nous autant le chocolat s'il n'avait pas une pointe d'amertume ?

Désirer une personne parfaite sous tous rapports, belle, intelligente, drôle, mesurée dans ses réactions, attentive et toujours disponible est certainement facile. L'aimer d'un amour véritable n'est pas aussi simple qu'on le croit. Une telle personne, par sa pénurie de défauts, serait sans doute agaçante. Que pourrait-elle comprendre de nous, si elle n'a jamais expérimenté les difficultés quotidiennes que nous causent notre égoïsme, nos diverses faiblesses, notre incapacité à faire les bons choix, notre nez disgracieux, ou notre gourmandise coupable ? De bien d'autres façons, ses qualités surhumaines, ses aspects trop lisses nous apparaîtraient comme des défauts. Un tel modèle, étranger à notre nature humaine, n'aurait rien à nous apprendre, rien à partager avec nous. Il serait effrayant.

Le fait que les gens parfaits n'existent pas dans la réalité (je n'en ai jamais rencontré, en tout cas) en fait de bien mauvais personnages. Mais le cœur du problème n'est pas là. Une telle représentation pourrait susciter le désir, mais pas l'amour. Elle ne solliciterait pas notre tendresse ni notre compassion, des composantes qui me semblent pourtant essentielles à l'affection.

Un auteur qui mettrait un tel fantasme en scène ou qui, d'une façon plus générale, oublierait de le doter d'une grande variété de défauts et de faiblesses (mentales, morales et physiques), se rendrait lui-même incapable de l'aimer. Dès lors, il ne pourrait s'attendre à ce que ses lecteurs ou ses spectateurs s'y attachent.

Il apparaît pourtant que la clé d'un personnage réussi réside dans l'attachement qu'il est en mesure de susciter de la part du public. **Engagement** émotionnel et **détachement** intellectuel représentent la combinaison parfaite, parce qu'elle permet une implication profonde du lecteur/spectateur tout en lui laissant la possibilité d'interpréter librement les pensées et les actes des personnages.

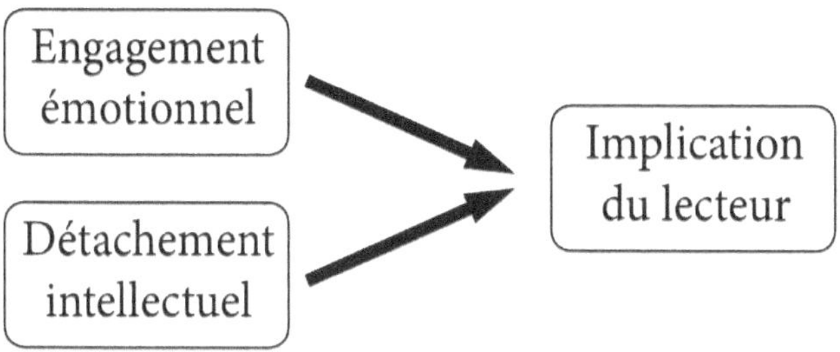

Vos personnages sont-ils des imbéciles ?

Nous avons vu que les personnages ont tendance à créer beaucoup d'ennuis et de complications aux auteurs. Sont-ils pour autant des imbéciles ? On dit qu'il n'y a que les imbéciles qui ne changent pas d'avis. Vos personnages changent-ils d'avis ?

Une bonne histoire ressemble à une mécanique bien huilée dans lequel tous les événements s'imbriquent à merveille, certes. Mais n'en faites pas trop ! Que le destin ou le hasard poussent l'action comme une force irrépressible est une chose. Que les personnages suivent comme des moutons en est une autre, qu'il faut éviter. Faites-les se battre, résister, hésiter et se tromper, comme cela nous arrive à tous dans la vraie vie.

Si vos personnages ne sont pas traités avec respect, s'ils n'ont pas d'autonomie, s'ils n'ont pas droit à l'erreur, le public ne les respectera pas non plus et ne pourra pas les aimer. Par des signes si subtils qu'il est impossible de les analyser, les sentiments que vous portez à vos personnages seront perçus par vos lecteurs/spectateurs et leur dicteront les leurs. Alors, certes, soyez sadique avec les personnages qui profitent de leur autonomie pour vous causer des tracas, mais laissez-les un peu se promener comme ils le veulent. Laissez-les hésiter, se tromper et revenir en arrière. On apprend surtout de ses erreurs. Permettez-leur d'en commettre. Et punissez-les !

4. La construction du décor

Par le terme générique « décor », j'évoque l'ensemble de ce qui forme le contexte de l'histoire, c'est-à-dire le lieu, l'époque, la société dans laquelle les personnages évoluent, et même le temps qu'il fait à certains moments du récit. Plus haut, j'ai employé le terme de *skin* (la peau de l'histoire) proposé par Julien Hirt, en reprenant son idée selon laquelle il peut être amusant de placer une histoire donnée dans différents *skins* pour la renouveler, ou pour étudier en quoi cela peut faire évoluer sa signification.

Car le contexte, en effet, peut avoir un impact important sur le sens général de l'histoire.

Le décor est un élément actif

Dans la première partie de cet ouvrage, j'ai insisté sur le fait que, dans l'idéal, chaque élément qui figure dans l'histoire « doit strictement s'aligner sur le parcours qui mène au dénouement ». Cela vaut pour la pluie qui se met à tomber, la révolution bolchevik qui se déroule en arrière-plan ou les bottes extravagantes que l'antagoniste enfile pour aller à la chasse. Concernant la pluie, je suis sûr que vous avez remarqué qu'elle tombe toujours au moment où des amoureux se séparent, ou bien lorsqu'une grand-mère adorée passe de vie à trépas, bref, quand le héros ou l'héroïne perdent quelque chose ou affrontent une situation pénible. Certes, la pluie illustre à ce moment-là le fait que « les emmerdements n'arrivent jamais seuls ». Mais surtout, elle participe à instaurer une ambiance mélancolique.

Ce que l'auteur choisit de montrer du décor et du contexte doit jouer un rôle actif dans le déroulement de l'histoire, sans quoi, il ne s'agit que de « meubler », ce qui n'est jamais une bonne idée. Même si vous adorez faire ce que les fans de *fantasy* appellent du *worldbuilding*, c'est-à-dire inventer un univers magique fabuleux et parfaitement cohérent, comme Tolkien l'a fait pour *Le Seigneur des anneaux*, vous ne devriez décrire l'intérieur d'une masure, d'un vaisseau spatial ou d'une maison écossaise que si cela apporte quelque chose d'utile à votre histoire. Encore une fois, les questions « qu'est-ce que j'essaye de faire ? » ou « qu'est-ce que je suis en train de faire ? » ne doivent pas vous quitter. Jamais.

Le lecteur/spectateur est là pour profiter d'une histoire, pas pour faire du tourisme, et encore moins pour jouer les otages. Si vous l'assommez par une démonstration de votre talent d'architecte, de sociologue ou de styliste (ou par quoi que ce soit d'autre), vous le perdrez.

Le décor comme personnage

Affirmer que le décor et le contexte doivent jouer un rôle revient à considérer l'ensemble comme un personnage. Dès lors, la construction du décor est soumise aux mêmes procédés que celle des personnages. Mais comment attribuer un **désir** à un décor ? Comment lui attribuer une **faiblesse** ? Et un **besoin** ? Je n'ai pas l'intention de m'installer dans votre imaginaire en répondant de façon précise à ces questions qui sont de votre ressort. Je voudrais seulement démontrer que la chose est possible par plusieurs moyens :

- La <u>personnification</u> : lorsque l'on écrit que le héros traverse une forêt « sombre et menaçante », on prête au décor des intentions qu'il n'a certainement pas (à moins que cette forêt ne soit magique, ce qui est un moyen éventuel de la personnifier). La personnification est un procédé extrêmement courant en littérature et qui peut se transposer facilement au cinéma. Tout peut y passer : le froid peut être mordant ou cruel, la nuit peut être triste, le temps maussade, etc.
- Dans la <u>métaphore</u> et la <u>symbolisation</u>, les éléments de décor ne sont pas pourvus d'intentions, mais ils évoquent la beauté, la menace, la douleur, ou d'autres éléments capables d'influer sur les émotions du lecteur ou du spectateur et de donner une couleur particulière à la scène. L'exemple suivant mélange personnification, métaphore et symbolisation :

4. LA CONSTRUCTION DU DECOR

> Les nuages, d'un noir d'encre, couraient rapidement
> sur le ciel, et les éclairs dardaient leurs rayons
> sanglants. La forêt mugissait comme un animal
> furieux. Les feuilles mortes, emportées par le vent,
> tournoyaient dans l'air tels des oiseaux de proie.
> Le ciel et la terre semblaient se mêler dans une
> confusion indescriptible.

- Un <u>effet miroir</u> peut être obtenu en décrivant, en arrière-plan, une action, une situation ou un paysage qui présente des similitudes réelles ou symboliques avec l'action principale. Si l'histoire illustre la violence au sein d'un couple et qu'elle se déroule en temps de guerre, il y aura des parallèles faciles à exploiter entre le contexte et l'histoire principale (l'agression, les souffrances provoquées, etc.) Ce type de parallèle peut très bien être mis en place pour une seule scène dans laquelle, par exemple, une mère réprimande son fils de façon exagérée et injuste pendant que ce dernier est occupé à castrer un cheval.

Le décor comme protagoniste ou antagoniste

Si l'idée de considérer le décor comme un personnage vous tente, pourquoi ne pas pousser le concept jusqu'à en faire votre protagoniste principal ? Quand la transformation qui succède à la crise finale concerne essentiellement le contexte de l'histoire (la société dans laquelle l'histoire a évolué), alors, c'est probablement le cas.

Le décor peut également jouer le rôle de l'antagoniste. C'est en tout cas ainsi que j'interprète beaucoup d'histoires de maisons ou de lieux hantés, telles que *The Shining* de Stephen King, ou *Evil Dead*, de Sam Raimi. Mais je pense aussi à *2001, l'Odyssée de l'espace*, si l'on considère l'ordinateur Hal comme faisant partie du vaisseau, et donc du décor, ou à *Gatsby le magnifique* (*The Great Gatsby*), de F. Scott Fitzgerald dans lequel la banlieue de West Egg, lieu de luxe et de superficialité, symbolise l'*American Dream* et la vacuité de la société de consommation.

Le rôle du décor dans les dialogues

À bien des égards, les dialogues, lorsqu'ils sont développés, peuvent être considérés comme des scènes d'action dans la mesure où :

- Ils ont une influence (ils agissent) sur le déroulement de l'histoire par l'effet qu'ils produisent sur les personnages ;
- Lorsqu'ils s'apparentent à une confrontation (ce que les théoriciens du scénario hollywoodien recommandent de faire systématiquement), ils nourrissent ou génèrent une tension dramatique.

Cela n'interdit pas de placer vos dialogues dans un cadre actif dont les agitations d'arrière-plan pourront illustrer, renforcer ou contredire les échanges des personnages. Plutôt que de situer une scène de rupture dans un salon à l'ambiance feutrée, imaginez ce qu'elle pourrait donner dans une boucherie dont les murs répercutent les coups de hachoir du commerçant, ou dans une salle de spectacle, avec une foule dont les hurlements couvrent partiellement les dialogues, évoquant la difficulté que les deux partenaires éprouvent à s'entendre. Imaginez une scène d'enterrement dans un cimetière dont le voisinage organise un feu d'artifice, ou un mariage en temps de guerre, avec une bombe tombant dans le quartier au moment où les époux déclarent leurs consentements.

Dans la vie réelle, il est exceptionnel que nos échanges se déroulent dans un lieu isolé de toute perturbation, et même dans ce cas, il est fréquent que l'ambiance de l'environnement influence nos humeurs et nos paroles. Il est certainement bon de reproduire ces conditions dans les scènes de dialogues pour leur donner plus de vie et de crédibilité.

Vous pourrez alors envisager le décor et ce qui s'y produit comme un contrepoint ironique venant démentir ce qu'affirme l'un de vos personnages, ou comme un miroir illustrant de façon très matérielle les concepts théoriques qu'il expose dans ses propos.

Le décor comme révélateur

Si l'on considère que la société dans laquelle évolue l'histoire fait partie du décor, on pourra y placer un nombre infini de situations qui illustreront ou enrichiront le thème de l'histoire principale. Le contexte conçu comme une référence pourra également vous aider à dévoiler des aspects de vos personnages.

> « En plus de permettre de définir les personnages, le décor offre l'occasion de les définir les uns par rapport aux autres. Mettons que l'action de votre roman se situe dans une organisation non gouvernementale à vocation humanitaire. Chaque personnage pourra avoir, vis-à-vis de celle-ci, une attitude différente, de l'idéalisme jusqu'au cynisme en passant par le pragmatisme. Dans une histoire où un élément de décor comme celui-ci joue un rôle central, il constitue bien souvent l'axe principal de la personnalité des personnages principaux. On le voit très bien dans les films de guerre les plus introspectifs, où les figures sont différenciées principalement par leur attitude vis-à-vis du conflit et de l'armée. »
>
> Julien Hirt – Blog *Le Fictiologue*

5. Conclusion

Dans tout ce qui précède, j'espère avoir évité le travers consistant à livrer des recettes toutes faites ou à présenter certaines idées comme des dogmes incontournables. L'écriture est un art, et la beauté de l'art, c'est que rien ne lui résiste. L'auteur est un explorateur qu'aucun obstacle ne doit arrêter. Aucune règle stricte, aucun cadre ne saurait le contenir.

Les règles existent pourtant ; les conventions narratives ne sont pas une vue de l'esprit, elles traduisent certaines attentes du public dont il serait suicidaire de nier l'importance. Il me semble indispensable de les connaître et de les comprendre, surtout lorsque l'on a décidé de jongler avec elles. J'espère les avoir suffisamment explorées pour vous avoir été utile. Et comme je suis moi-même un mauvais garçon, j'espère vous avoir encouragé au jeu subversif qui consiste à les tordre ou à les faire exploser. Révolution !

J'espère également m'être montré respectueux envers vous. J'espère ne pas avoir joué le professeur pontifiant, celui qui dit « taisez-vous, je sais les choses mieux que vous ». J'espère avoir nourri vos réflexions sans avoir tenté de vous mener trop fermement là où il me semble que vous devriez aller.

J'ai peut-être échoué. Dans ce cas, j'espère que vous ne commettrez pas mon erreur. Faites ce que vous pouvez pour respecter votre lecteur/spectateur en le laissant toujours libre de développer sa propre vision des choses, même si vous êtes convaincu que la vôtre est la seule qui vaille.

Dans le respect que je vous dois de toute façon, je présume que vous ne faites pas partie de ces auteurs si certains de leur talent qu'ils expédient le premier jet de leur création à des producteurs ou éditeurs, sans même avoir pris le temps d'en corriger les fautes. Vous n'êtes pas comme ça. Vous êtes parfaitement conscient qu'il faut s'être relu au moins une vingtaine de fois pour couper les passages inutiles, réécrire ceux qui ne fonctionnent pas et ajouter ceux qui s'avèrent finalement indispensables pour que le lecteur comprenne sans trop d'efforts ce que vous vouliez dire. Cent fois, c'est encore mieux, et je ne plaisante pas.

Je suis même convaincu – parce que je vous tiens en haute estime – que vous aurez fait relire votre texte ou votre scénario par des amis capables de le critiquer sincèrement, afin d'éviter à vos destinataires finaux de devoir relever ce que vous ne parveniez plus à voir, à force de remettre l'ouvrage sur le métier. Vos yeux pleureront d'épuisement, vos mains seront percluses, les bras vous tomberont, mais vous serez allé au bout des choses.

Vous pourrez être fier de vous. À votre place, je le serais. L'éditeur que je suis reçoit un nombre invraisemblable de textes inachevés, bâclés, et expédiés dans tous les sens du terme, qui n'ont pas franchi ces étapes pourtant indispensables, ce qui les condamne au refus.

En accomplissant votre devoir d'auteur, vous ferez de vous votre premier lecteur. Personne, sans doute, ne lira jamais votre œuvre autant de fois et avec autant d'application que vous. Si vous ne respectez pas vos lecteurs, c'est d'abord à vous-même, premier lecteur, que vous ferez offense.

Alors, quitte à jouer encore le professeur pontifiant, je dis de ma plus belle voix de stentor : « Ne faites pas ça ! Ne vous manquez pas de respect ! »

L'écriture, qu'elle s'adresse au cinéma, à la littérature, au théâtre ou à n'importe quel autre média est une forme de communication qui implique un émetteur et un récepteur. Ne pas écrire pour soi-même n'a pas de sens. Ne pas tenir compte du public n'en a pas non plus, ou alors, gardez le résultat pour vous et ne le faites lire à personne (pas aux éditeurs, si possible).

J'ai déjà développé l'idée que l'histoire finale se construit dans la tête du public. J'espère vous avoir convaincu. Vous devez encourager vos lecteurs/spectateurs à collaborer avec vous, c'est à mon sens indispensable. C'est pourquoi le respect que vous leur accordez à tant d'importance : sans cette attention, ils n'auront pas envie d'avancer à vos côtés.

Voici, de mon point de vue, ce qu'une histoire ne devrait jamais être :

- **L'histoire n'est pas une démonstration de vos talents**. Vous savez écrire, et même bien écrire ? C'est formidable ! Malheureusement, ce n'est que le *minimum* de ce que l'on attend de vous. La maîtrise est un moyen, pas une fin. Quelle que soit la fierté que vous en tirez, ne vous imaginez pas qu'elle suffit à produire une œuvre digne d'intérêt. Qu'est-ce que vous avez à dire ? Quelle découverte allez-vous partager avec le public ? Ce sont les seules questions qui importent vraiment.

- **L'histoire n'est pas une collection de clichés** : Il se publie chaque année plus de 80 000 livres, rien qu'en France. Cela fait 220 livres par jour, même en comptant les week-ends et les jours fériés. Il sort près d'un film chaque jour produit et réalisé en France. Je n'ai pas les chiffres pour le théâtre, mais j'imagine que cela n'est pas non plus négligeable. Écrire une histoire pour montrer qu'on sait le faire ne présente un intérêt qu'à titre d'exercice. Écrire une histoire pour faire comme tout le monde n'en a aucun. Soyez conscient que, dans les deux cas, vous passeriez à côté de l'opportunité extraordinaire de découvrir quelque chose sur vous-même, en tentant une démarche d'exploration sincère. C'est souvent difficile et douloureux, mais c'est aussi une joie extatique, quand cette démarche aboutit. L'art est une aventure, pas une promenade de santé. Si vous aimez vous promener, faites-le seul ou avec vos amis, et si vous souhaitez partager ce genre d'expérience, faites-le sur les réseaux sociaux. Ils sont faits pour cela.

- **L'histoire n'est pas une tribune**. Le public se moque de vos opinions, à moins que vous ne sachiez les présenter de façon brillante et/ou amusante, et avec suffisamment d'humilité pour envisager qu'elles puissent être erronées ou incomplètes. Dans une histoire, cela se traduit par le souci permanent d'explorer l'antithèse de ce que le personnage principal pense et affirme. C'est à cela que servent l'antagoniste et les personnages secondaires, et même le décor, comme je l'ai fait remarquer plus haut.

- **L'histoire n'est pas un règlement de compte**. Ou alors, il faut prendre de sérieuses précautions. Le public se moque de ce que vous avez vécu, de toutes les choses pénibles que vous avez traversées. Il a sa propre vie, et elle lui suffit. Il ne veut pas connaître la vôtre, il veut une bonne histoire qui le fera vibrer et réfléchir, et rien d'autre. Si vous parvenez à régler vos comptes en la lui offrant, tout ira bien.

Entendons-nous bien : je n'ai absolument rien contre le fait de concevoir l'écriture en tant que source d'amusement, ou comme un acte thérapeutique. Dans les deux cas, c'est une activité formidable qui vous apportera énormément. Je devais seulement, étant éditeur, exprimer mon point de vue sur ce qui mérite, à mes yeux, d'être publié. Mes premières pensées vont alors vers le public.

Si vous me suivez, retenez surtout que lecteur/spectateur ne doit jamais se sentir pris en otage. Il n'est pas votre chose. Vous êtes son serviteur, pas son maître. Misez sur son intelligence et sur son imagination. Jouez avec lui, il ne demande que ça. Et si vous trichez, si vous le trompez, si vous mentez, si vous le choquez, si vous le provoquez au point de dépasser les bornes, donnez-lui assez de plaisir, de sujets de réflexion et d'émotions pour qu'il vous pardonne. Dans tous les cas, accordez-lui votre confiance, si vous voulez qu'il vous accorde la sienne. Il sera toujours le plus fort, respectez-le infiniment.

J'espère avoir été votre serviteur.

6. Annexes et bonus

L'interprétation et la révélation

Sans même en avoir conscience, nous interprétons la réalité en permanence. Voulant attribuer du sens à tout ce qui nous entoure et à tout ce qu'il s'y produit, nous cherchons (et nous trouvons) des signes partout. Même les auteurs qui n'ambitionnent rien d'autre que de faire vibrer leur public en injectant des émotions par camions entiers dans leurs histoires ne peuvent s'empêcher de livrer des interprétations de ce qu'il s'y produit. C'est-à-dire des idées.

> « Nous émettons une idée sur toute chose
> avec une ignorance merveilleuse »
>
> Yzhar – *Les jours de Ziklag*

Le paradoxe est que, si nous ne sommes pas avares lorsqu'il s'agit de produire des interprétations, nous opposons une méfiance instinctive à celles qui viennent d'autrui. Raison pour laquelle l'auteur, même lorsqu'il est fier d'une interprétation consciente qu'il est capable de tirer d'une séquence donnée d'événements, aura sans doute intérêt à la garder pour lui, afin de laisser le public se construire la sienne. Chaque être humain étant une usine prolifique dans ce domaine, nous sommes habitués à faire un tri pour ne retenir que celles qui présentent une qualité minimum, associant l'**originalité**, l'**universalité** et la **plausibilité**. Les autres nuisent aux créations en provoquant l'ennui.

Dans la fiction, en raison du pouvoir absolu que possède l'auteur pour inventer des causes et en détailler les effets, il ne faut qu'un peu de travail pour rendre n'importe quelle interprétation plausible, aussi farfelue soit-elle. Nos esprits sont de véritables gruyères en matière de logique. Pour peu que l'on ait une conscience raisonnable de ce que l'on nomme les « biais cognitifs » on peut aisément manipuler le public pour lui faire admettre comme *vrai*, ou du moins comme *possible*, à peu près n'importe quoi. D'autant qu'il sait et accepte par avance que la fiction est un mensonge qui essaie de dire le vrai, mieux que la vérité ne pourrait le faire. Le défi ne se trouve pas là. La seule contrainte de l'auteur sur ce point consiste à tenir un propos cohérent, quelles que soient ses règles internes.

Les difficultés surgissent lorsque l'on tente de remplir et de combiner les deux autres conditions que sont l'universalité et l'originalité. Produire une idée originale n'a rien de compliqué en soi. En découvrir une qui soit susceptible de s'appliquer à un grand nombre de cas relève de l'exploit, car plus une situation est ordinaire, mieux nous maîtrisons ses conséquences possibles, ses revers, et même ses variations les plus subtiles. Les interprétations qui en découlent sont probablement de tels poncifs que l'auteur qui n'a rien d'autre à proposer a toutes les chances d'endormir son public. Dans le langage courant, nous associons la banalité (c'est-à-dire le caractère fréquent et répétitif de quelque chose) à l'ennui. Le plus grand défi consiste à découvrir un aspect neuf, à montrer ce qui n'a jamais été vu dans une situation totalement ordinaire. J'ai déjà relevé le génie de Proust à ce sujet. Nous avons probablement tous expérimenté le fait que les goûts et les odeurs – les sens en général – avaient le pouvoir d'évoquer certains de nos souvenirs de façon inattendue. Ce constat est si banal que nous ne nous y arrêtons jamais. Proust nous invite justement à le faire, à sonder le mystère de ce phénomène, à l'interroger.

Qu'on ne s'y trompe pas, l'idée de Proust est le produit d'une interprétation : il mange une madeleine et des souvenirs anciens remontent en lui. Il en *déduit* que le goût de la madeleine est à l'origine de ses souvenirs. Il ne le démontre pas, il ne nous fait pas étalage de son intelligence. Cette expérience est si commune que tout un chacun l'a vécue et adhère sans difficulté à ce que Proust en dit. C'est la banalité de son sujet et la simplicité de son interprétation (ouvrant pourtant sur un mystère profond) qui font tout l'intérêt de cette idée. Proust ne tente pas non plus de résoudre ce mystère. Il ne cherche pas à surinterpréter ce qui est déjà une interprétation. Il se contente de *montrer* ce que l'habitude nous empêchait de percevoir. Ce faisant, il nous propose une révélation.

   5. Conclusion

Il me semble que c'est ce que l'auteur doit s'efforcer d'accomplir. La puissance de ses raisonnements importe peu, et si c'est ce qui le passionne, il devrait s'investir dans la rédaction d'un essai, plutôt que d'un roman. L'originalité de ses idées ne compte pas davantage, si elles ne portent que sur des sujets extraordinaires, trop éloignés de notre quotidien. Si l'héroïne de ses profondeurs spatiales n'évoque pas notre voisine de palier, les péripéties qui la font vibrer nous laisseront de marbre.

L'auteur est un aventurier, certes. Mais c'est la banalité qu'il explore, qu'il retourne, farfouille et dépouille de ses masques élimés pour la montrer sous un jour nouveau. S'il nourrit une véritable ambition, il se doit de voir dans un verre d'eau, un aspirateur ou la couleur du ciel des sujets prometteurs.

Le monomythe de Campbell

Dans son essai *Rite Roman Initiation*, Simone Vierne s'est livrée à une comparaison des différents rituels initiatiques (bizutages universitaires, cérémonies d'admission des membres d'un club ou d'une confrérie, et rituels chamaniques des peuples dits «primitifs» déterminant le passage à l'âge adulte). Elle décrit le rituel type comme composé de trois parties :

- <u>La préparation (la phase d'attente)</u>, où le novice se prépare à recevoir les révélations sacrées.
- <u>Le voyage dans un monde de ténèbres</u>, où le novice va perdre conscience, de façon réelle ou simulée. Ce voyage est l'occasion d'éprouver des souffrances (torture physique ou morale du candidat).
- <u>La nouvelle naissance</u>. C'est une mort symbolique qui fait suite à la transformation engendrée par la transcendance de la souffrance.

Simone Vierne souligne le parallèle étroit qui existe entre ces rituels et la trame de nombreux contes mythologiques ou celle des œuvres de Jules Vernes par exemple. Mais on peut également voir cette trame comme celle de la vie entière d'un homme, la première phase représentant la jeunesse, la deuxième la vie, et la troisième, la mort.

Tout comme dans les rituels qui appartiennent à notre réalité, le héros d'un roman initiatique passe de l'innocence à l'expérience. Ce passage se fait à l'occasion d'une épreuve ou d'une suite d'épreuves qui lui permettent de se métamorphoser.

Bien avant Simone Vierne, Joseph Campbell a comparé des centaines de mythes anciens pour en tirer ce qu'il a baptisé le **monomythe**, un schéma qui leur est commun et qu'il résume dans son livre *Le Héros aux mille et un visages* :

Alors qu'il sort de sa masure ou de son château, le héros mythologique est irrépressiblement attiré par l'aventure. Il rencontre une présence obscure qui garde un passage. Le héros doit vaincre cette présence, ou voler son pouvoir, afin de pénétrer dans le royaume des ténèbres (offrande, charme, ou combat), à moins qu'il ne soit vaincu par son opposant et entre dans le monde des morts (démembrement ou crucifixion). Il progresse alors dans un monde sombre et pourtant très familier, qui le menace parfois (le teste) ou lui offre une aide magique.

Lorsqu'il parvient au cœur du monde des ténèbres, il affronte un danger suprême et obtient une récompense : accouplement ou mariage avec la déesse-mère, reconnaissance par le père-créateur (réparation du péché), sa propre déification (apothéose), ou bien – si les forces sont toujours hostiles – vol du trésor (rapt d'une femme, rapt du feu). À travers cette victoire, le héros se transforme (illumination, transfiguration, liberté) et bénéficie d'une expansion de conscience et donc, de son être intime.

La dernière épreuve est celle du retour. S'il est béni par les forces du monde des ténèbres, le héros revient comme leur émissaire, sous leur protection. Dans le cas contraire, il doit vaincre de nouveaux obstacles pour s'enfuir. Cette fuite ou ce retour victorieux continuent de le transformer.

Au seuil du retour (ou de la résurrection), le héros doit souvent abandonner les pouvoirs sacrés qu'il avait volés ou qui lui avaient été offerts. Le trésor rapporté permet de restaurer l'équilibre du monde.

Si l'on ne conserve que la partie centrale de cette trame (Le héros affronte un danger suprême et obtient une récompense. À travers cette victoire, il se transforme), on obtient le cœur du roman initiatique.

L'épreuve constitue le sommet de l'intrigue, le point culminant de la tension dramatique. Dans le roman moderne, qui se soucie peu de proposer une «morale» au lecteur, l'histoire s'arrête souvent après la récompense qui suit cette épreuve.

En forçant à peine le trait, on peut dire, comme David Lodge dans l'*Art de la Fiction*, que «tous les romans ont pour sujet essentiel le passage de l'innocence à l'expérience», ce qui revient à dire que tous les romans sont des romans initiatiques. Je fais toutefois remarquer que les histoires ayant la rédemption pour thème, comme c'est le cas pour la plupart des polars et romans noirs, le héros (très souvent alcoolique) passe d'abord par la case cynisme avant d'aboutir éventuellement à une expérience positive de la vie. Il me semble alors que son parcours consiste à *revenir* à une certaine forme d'innocence, afin de renaître à la véritable connaissance. Sans contredire les principes fondamentaux du monomythe, ces histoires présentent une structure plus complexe que celle des contes traditionnels.

Le schéma actanciel de Greimas

À partir des travaux de Vladimir Propp, Algirdas Julien Greimas a développé un modèle conçu pour s'appliquer à toutes les histoires. Certains sémioticiens[43] lui préfèrent le « schéma narratif canonique » (SNC) sur lequel beaucoup d'entre eux sont intervenus. Le schéma actanciel continue pourtant de susciter un grand intérêt chez tous ceux qui étudient la narration, sans doute parce qu'il semble plus simple à mettre en œuvre, pour un public non averti.

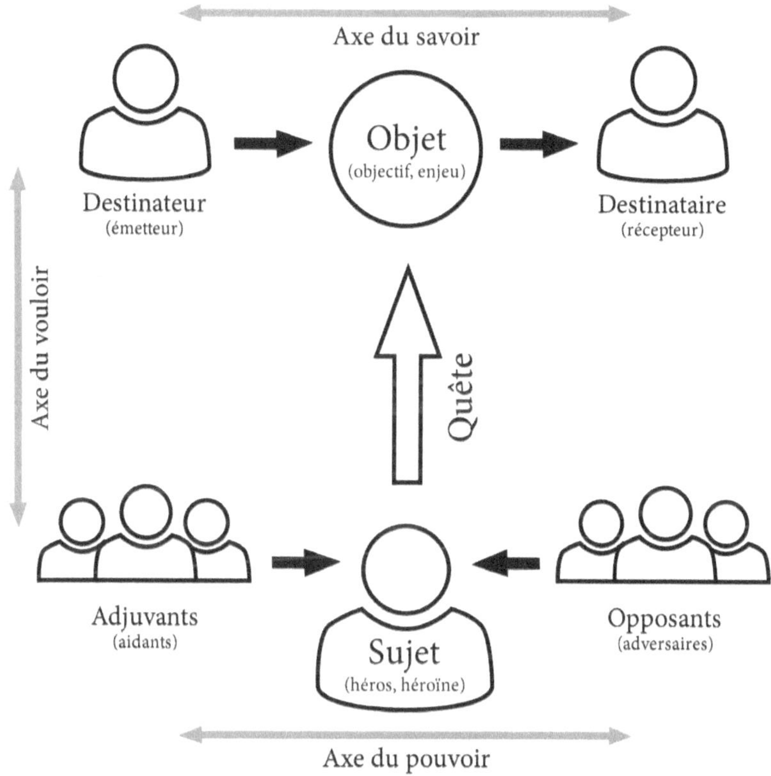

---

43   La sémiotique est la science du sens (ou des systèmes de signes). Il s'agit d'une discipline universitaire.

L'un des premiers intérêts de ce schéma réside dans les flèches grises qui le bordent et qui font nécessairement réfléchir celui qui les remarque : en effet, pouvoir, vouloir et savoir ne sont pas les mêmes choses et l'on imagine facilement qu'on peut construire des histoires en confrontant ces notions.

Le principe général de ce schéma consiste à considérer qu'une histoire, c'est le récit d'un <u>sujet</u> qui se met en <u>quête</u> d'un <u>objet</u>. Cette quête peut être motivée par des événements ou par d'autres personnages. Greimas nomme ces motivations <u>destinateur</u>. Cette fonction ne doit pas être confondue avec celle du <u>destinataire</u>, qui est le bénéficiaire de la quête. Le sujet peut être aidé ou encouragé dans sa quête par les <u>adjuvants</u>. Il peut être contrarié ou découragé par les <u>opposants</u>.

Pour que ce schéma soit universel, il faut admettre que le sujet, le destinateur et le destinataire sont parfois la même personne, par exemple, et que les destinateur, destinataire, adjuvants et opposants peuvent être autre chose que des personnes (des forces naturelles ou divines, des objets, des idées, etc.)

Ce qui intéresse avant tout Greimas, ce sont les **fonctions** de ces différentes composantes. Lorsque l'histoire raconte la façon dont un alpiniste parvient à conquérir un sommet, la fonction <u>opposants</u> peut être représentée par le froid ou par un pied gelé, ou même par les doutes que l'alpiniste éprouve quant à ses capacités.

<u>Exemple</u> : Le Petit Chaperon rouge (<u>Sujet</u>) est envoyé par sa mère (<u>Destinateur</u>) apporter une galette (<u>Objet</u>) à sa grand-mère (<u>Destinataire</u>). Le Grand Méchant Loup (<u>Opposant</u>) dévore la grand-mère, puis le Petit Chaperon rouge. Les deux personnages seront délivrés par un chasseur (<u>Adjuvant</u>)[44].

---

44 Cet exemple est celui choisi par https://narrationetcafeine.fr/schema-actanciel/ dont la lecture pourra compléter ma présentation du schéma actanciel.

La théorie de la réception selon Barthes

La théorie de la réception, telle que développée par Roland Barthes, est une approche critique de la littérature qui se concentre sur le rôle du lecteur dans la création du sens d'un texte. Voici une synthèse des principaux concepts explorés par Barthes :

- <u>La mort de l'auteur</u> : Barthes commence sa réflexion par la notion de la « mort de l'auteur », une mort évidemment symbolique suggérant que l'autorité de l'auteur sur l'interprétation d'une œuvre doit être reléguée au second plan. Il affirme que la signification d'un texte ne doit pas être limitée par les intentions de l'auteur, et que l'histoire doit être librement interprétée par le lecteur en fonction de ses propres critères. Peu importe ce que l'auteur a voulu dire ; ce qui importe, c'est ce que le lecteur comprend, déduit et imagine.

- <u>Le texte comme palimpseste</u> : Barthes considère le texte comme un palimpseste, un parchemin réutilisé sur lequel différentes couches d'interprétation peuvent s'accumuler au fil du temps. Chaque lecteur inscrit sa propre interprétation dans le texte, contribuant ainsi à créer une multiplicité de significations.

- <u>Scripteur versus lecteur</u> : Barthes introduit la distinction entre le scripteur et le lecteur. Le scripteur crée le texte, mais ce n'est que lorsqu'il est lu que le texte prend vie. Le lecteur devient alors un co-créateur de sens, apportant ses propres expériences, connaissances et émotions à la lecture.

- <u>Le plaisir du texte</u> : Barthes explore le concept du plaisir du lecteur en soulignant qu'il réside en bonne part dans sa liberté d'interpréter le texte en fonction de ses propres connaissances, a priori et préférences. Cette liberté de jeu interprétatif offre une expérience esthétique unique à chaque lecteur.

- <u>La lecture plurielle</u> : La théorie de la réception de Barthes promeut l'idée d'une lecture plurielle, affirmant que chaque lecteur peut apporter une interprétation unique à un texte. Il rejette ainsi l'idée d'une interprétation « correcte » ou « authentique » du texte, qui serait illusoire.

- <u>L'interaction texte/lecteur</u> : Barthes met l'accent sur l'interaction dynamique entre le texte et le lecteur, soulignant que le sens n'est pas fixe, mais émerge de cette interaction. Chaque lecture devient une performance unique.
- <u>L'intertextualité</u> : Barthes introduit le concept d'intertextualité, soulignant que chaque texte fait référence à d'autres textes, créant un réseau de relations intertextuelles qui enrichissent la signification.

L'approche de Roland Barthes a eu une influence profonde sur les études littéraires et culturelles, remettant en question les hiérarchies traditionnelles entre auteur et lecteur.

Avant et après lui, beaucoup d'autres théoriciens se sont impliqués dans des réflexions similaires, tels que : Hans Robert Jauss, Wolfgang Iser, Hans-Georg Gadamer, Stuart Hall, Michel de Certeau, Pierre Bourdieu, Umberto Eco, Jacques Derrida et Ien Ang.

L'analyse formelle selon Gérard Genette

Gérard Genette, l'un des principaux théoriciens littéraires du XXe siècle, a marqué son époque par ses contributions à la narratologie et à la théorie littéraire. Ses travaux se concentrent sur l'analyse formelle des textes et ont profondément influencé la compréhension des structures narratives. Parmi ses concepts les plus notables figurent la métalepse, l'analepse, la prolepse, la focalisation et la paratextualité.

- <u>Métalepse</u> : La métalepse désigne le procédé par lequel un élément d'un niveau narratif particulier interfère de façon inattendue avec un autre, créant une intrusion qui transcende les limites conventionnelles. Genette explore les différentes formes de métalepses, qu'elles soient verbales, temporelles, ou spatiales, mettant en lumière leur impact sur la structure narrative et la relation entre le narrateur et le narrataire. Le flash-back (analepse) est une forme de métalepse, dans la mesure où il brise la chronologie traditionnelle du récit.

- <u>Analepse</u> : L'analepse (*flash-back*), désigne le retour en arrière dans la chronologie de l'histoire. Genette analyse les différentes formes d'analepses, leurs fonctions et leur impact sur la narration. Il distingue entre l'analepse narrative (rétrospective) et l'analepse discursive (répétition d'une partie du discours antérieur).

- <u>Prolepse</u> : La prolepse, ou l'avance narrative (*flash-forward*), se produit lorsqu'une partie de l'histoire est anticipée avant son déroulement chronologique. Genette explore comment la prolepse fonctionne dans la construction narrative, annonçant des événements pour créer des attentes chez les lecteurs.

- <u>Focalisation</u> : Genette analyse la focalisation, qui concerne le point de vue à partir duquel les événements sont racontés. Il distingue entre la focalisation zéro (omnisciente), la focalisation interne (limitée à la perception d'un personnage), et la focalisation externe (limitée à des éléments non liés à la perception d'un personnage). La focalisation influence la manière dont l'information est transmise et perçue par les lecteurs.

Genette a également travaillé sur la notion de paratexte, c'est-à-dire l'ensemble des éléments qui entourent le texte principal, tels que les préfaces, les titres, les notes de l'auteur, etc. Il distingue entre les seuils externes (comme la couverture) et les seuils internes (comme les titres de chapitres). La paratextualité joue un rôle crucial dans la réception du texte, influençant les attentes du lecteur et contribuant à la construction de la signification.

Les apports d'Umberto Eco à la narratologie

Umberto Eco, écrivain, sémioticien et intellectuel italien, a apporté d'importantes contributions à la théorie narrative. En voici quelques-unes :

- <u>Narratologie</u> : Eco a fortement participé à l'élaboration de la narratologie en tant que domaine d'étude. Il a exploré les diverses formes de narrations, analysant les éléments qui les composent et les différentes façons dont les histoires peuvent être construites.
- <u>Les structures du récit</u> : Eco s'est intéressé aux modèles récurrents dans les récits tels que les archétypes, les motifs et les schémas narratifs. Il a examiné comment ces structures contribuent à la compréhension et à l'appréciation des histoires.
- <u>Les limites de l'interprétation</u> : Dans son ouvrage *Les limites de l'interprétation*, Eco explore les principes de l'interprétation des textes. Il souligne l'importance des contextes culturels et des conventions dans la compréhension des récits, tout en reconnaissant les défis et les limites de l'interprétation.
- <u>Le lecteur modèle</u> : Eco a introduit la notion de «lecteur modèle», un concept dans lequel le lecteur idéal est capable de saisir les multiples niveaux de signification d'un texte. Ce concept souligne la participation active du lecteur dans la construction du sens.
- <u>La poétique du récit</u> : Dans ses travaux sur la poétique du récit, Eco examine les éléments spécifiques qui rendent un récit efficace, en se penchant sur les techniques narratives, les modes de focalisation et les moyens par lesquels les écrivains manipulent le temps et l'espace.

À propos du suspens

Je laisse parler le maître Hitchcock :

> « La différence entre le suspense et la surprise est très simple, et j'en parle très souvent. Pourtant il y a fréquemment une confusion, dans les films, entre ces deux notions. Nous sommes en train de parler, il y a peut-être une bombe sous cette table et notre conversation est très ordinaire, il ne se passe rien de spécial, et tout d'un coup : boum, explosion. Le public est surpris, mais, avant qu'il ne l'ait été, on lui a montré une scène absolument ordinaire, dénuée d'intérêt. Maintenant, examinons le suspense. La bombe est sous la table et le public le sait, probablement parce qu'il a vu l'anarchiste la déposer. Le public sait que la bombe explosera à une heure et il sait qu'il est une heure moins le quart (il y a une horloge dans le décor) ; la même conversation anodine devient tout d'un coup très intéressante parce que le public participe à la scène. Il a envie de dire aux personnages qui sont sur l'écran : "Vous ne devriez pas raconter des choses si banales, il y a une bombe sous la table, et elle va bientôt exploser." Dans le premier cas, on a offert au public quinze secondes de surprise au moment de l'explosion. Dans le deuxième cas, nous lui offrons quinze minutes de suspense. »

François Truffaut – *Le cinéma selon Alfred Hitchcock*

Comment écrire une mauvaise histoire

On connaît les inconvénients du succès et de la gloire qui pourraient vous faire tuer comme ce fut le cas pour Lennon ou Kennedy, sans parler de l'inconfort que représentent les paparazzis dans la vie quotidienne. Quant à la richesse, il est de notoriété publique qu'elle ne fait pas le bonheur et vous rendrait complice du capitalisme qui ravage notre planète. S'assurer d'écrire une mauvaise histoire afin de demeurer un artiste maudit (qui n'en rêverait pas ?) constitue par conséquent un objectif parfaitement compréhensible et plein de bon sens.

Il faudrait sans doute écrire une encyclopédie entière sur ce sujet, et je devrais peut-être m'y atteler. Car même si l'on est fermement décidé à commettre une œuvre catastrophique à tous points de vue, on n'est jamais à l'abri de quelques scènes trop saisissantes, d'une bonne idée accidentelle, d'une émotion qui s'avère contagieuse ou d'un thème malencontreusement bien choisi qui viendra gâcher la fête et séduira le public malgré nos louables efforts (il faut se méfier du public, il est bien plus retors qu'on pourrait le croire).

Beaucoup d'auteurs débutants y parviennent pourtant sans difficulté apparente, me répondrez-vous, et mon expérience d'éditeur vous donne indiscutablement raison. Mais ils bénéficient justement

6. Annexes et bonus

de la chance du débutant! Pour peu que vous ayez déjà affûté vos griffes sur quelques textes merveilleusement indigestes de bout en bout, il est à craindre que vous ayez développé, bien malgré vous, des compétences qui risquent de vous handicaper sérieusement quand vous tenterez de rater votre prochaine production.

Rassurez-vous! J'ai relevé quelques moyens efficaces et originaux qui devraient vous garantir un échec admirable. Nous examinerons ensuite les cas exemplaires de Marcel Proust et Lewis Caroll, deux auteurs qui ne sont pas parvenus à échouer, malgré tous leurs efforts. Nous en tirerons la leçon.

Quelques recettes qui ont fait leurs preuves

- **Cherchez à vous faire valoir** : Tous les moyens sont bons pour prouver que vous êtes un être exceptionnel. Le public ayant toujours mauvais esprit, il ne pourra que vous jalouser et vous détester pour cela. Montrez-lui à quel point vous savez faire de belles phrases, employer des mots compliqués, mélanger la poésie et la démonstration, débattre pendant des pages entières du sexe des anges ou d'autres sujets encore plus fumeux avec une élégance sans pareil. Au cinéma, multipliez les plans expérimentaux, faites une bande-son insupportable, floutez vos images ou trouvez d'autres moyens pour qu'elle soit hideuse, c'est le comble du chic. Ou bien faites des plans magnifiques et interminables qui n'ont aucune raison d'être. Au théâtre, imposez que votre pièce se joue sans décors et faites-la réciter par des artistes amateurs en leur interdisant d'y mettre la moindre tonalité ou de bouger sur la scène. Obligez-les à se déshabiller sans motif, et assurez-vous qu'ils soient désagréables à regarder dans cet état. Humilier vos comédiens est certainement un moyen efficace de prouver que vous n'avez aucune gêne à vous humilier vous-même, ce qui est le propre des gens supérieurs. Dans tous les cas, soyez pompeux, soyez pédant, soyez imperturbablement sérieux, car c'est à cela que l'on mesure la valeur d'un très mauvais auteur.

- **Inventez un nouveau style** : Faites des phrases sans verbes, puis des phrases sans sujets, puis des phrases sans compléments. Faites des phrases qui n'ont rien de tout cela, et surtout pas de ponctuation. Au cinéma, étudiez soigneusement les règles d'enchaînement des plans et assurez-vous de n'en suivre aucune. L'essentiel est d'être difficile à lire, difficile à regarder, difficile à suivre. Par définition, employer un style ordinaire, fluide et confortable, ou filmer de façon « normale » relève d'une médiocrité qui manque cruellement de panache. Une telle littérature, un tel théâtre et un tel cinéma sont réservés aux imbéciles ou aux fainéants, et le pire serait de les avoir dans votre public. Faites au moins fuir ceux-là ! Nul ne mérite de découvrir votre talent sans fournir un minimum d'efforts. Arrangez-vous simplement pour que personne ne soit en mesure d'atteindre ce minimum.

- **Ne vous relisez pas** : La chose a été prouvée, en se relisant et en se corrigeant, l'auteur risque de gommer accidentellement des pépites d'indigence issues de son premier jet. Soyez mauvais du premier coup et ne touchez plus à rien. Tant mieux s'il reste des fautes, des imprécisions, des lourdeurs et des répétitions. Rien ne peut déstabiliser un lecteur ou un spectateur comme une utilisation incorrecte de la grammaire et de la syntaxe, qu'elle soit écrite ou visuelle. N'hésitez pas à négliger les règles fondamentales. Il est de toute façon établi que les grands auteurs sont capables d'écrire au moins vingt pages par jour. C'est là que résidera votre fierté : pouvoir dire « je l'ai écrit très vite et je ne me suis pas relu ». Tout le monde en sera épaté et personne ne prendra le risque de découvrir le résultat. Vous aurez gagné !

- **Créez des personnages unidimensionnels** : Des personnages sans profondeur ni développement peuvent rendre votre histoire admirablement plate. Assurez-vous de ne pas leur donner de motivations, de ne faire figurer aucun dilemme ni aucun conflit dans votre trame, et faites en sorte que vos arcs narratifs ressemblent à des pneus crevés.

- **Ne soyez pas cohérent** : La cohérence est le plus grand danger que vous encourez, mais il existe heureusement de nombreux moyens de l'éviter. Changez de style en cours de route, changez de narrateur et/ou de point de vue sans raison, changez de genre, mélangez les thématiques et les sujets, faites des digressions absolument gratuites, et si vous avez le malheur de glisser quelque chose qui ressemble à une intrigue dans votre histoire, noyez-là dans une tonne d'autres intrigues sans conclusion. Ne réfléchissez surtout pas à ce que tout cela pourra donner et ne faites pas de plan. Contentez-vous d'empiler des mots, c'est une méthode efficace.

- **Utilisez les systèmes d'intelligence artificielle** : En 2024, à l'heure où j'écris ces lignes, Bard et ChatGPT font preuve d'un talent extraordinaire pour écrire de très mauvais textes dénués de fond, bourrés de clichés et usant d'une syntaxe lourde qui offre souvent l'apparence d'une prose bien formée tout en ne voulant rien dire. Il est à craindre que ces compétences remarquables ne se perdent avec les progrès de ces technologies, alors profitez-en maintenant !

- **Ne confondez pas « triste » et « déprimant »** : Si votre histoire est trop triste, le public risque d'aimer ça. L'objectif est d'être déprimant. Mais ne le soyez pas trop non plus ! On voit bien que Michel Houellebecq a obtenu le succès pas ce moyen. Ne ratez pas votre coup.

- **Exagérez les descriptions** : Lorsqu'elles sont bien conçues, les descriptions longues et détaillées sont en mesure d'exaspérer raisonnablement le public. Assurez-vous d'inclure autant de détails inutiles que possible et prolongez-les au maximum. Et surtout, décrivez des choses qui n'ont rien à voir avec le fil de l'histoire. De toute façon, si vous avez suivi les conseils précédents, votre histoire ne devrait pas avoir de fil.

- **Ne pas écrire** : Pour naïve qu'elle soit, cette option n'en est pas moins radicale. Le moyen le plus sûr de n'être lu par personne consiste à ne pas écrire.

Le cas Marcel Proust

Sur le papier (si j'ose dire) on ne peut qu'admirer les efforts titanesques fournis par Marcel Proust pour que *À la recherche du temps perdu* connaisse un échec retentissant : des phrases interminables (jusqu'à quarante-quatre lignes !), un sujet insaisissable qui ne se raccroche à aucun enjeu, des digressions à n'en plus finir et un récit qui tourne en rond, sans qu'il soit jamais possible d'en connaître clairement l'intention. Chapeau l'artiste !

Les choses semblaient bien parties lorsque les éditions Fasquelle refusent de publier son manuscrit sur les conseils du poète et romancier Jacques Madeleine qui écrit à juste titre dans sa fiche de lecture à propos du premier tome *Du côté de chez Swann* :

6. ANNEXES ET BONUS

« Au bout de sept cent douze pages de ce manuscrit (sept
cent douze au moins, car beaucoup de pages ont des
numéros ornés d'un bis, ter, quater, quinque) – après
d'infinies désolations d'être noyé dans d'insondables
développements et de crispantes impatiences de ne
pouvoir jamais remonter à la surface – on n'a aucune,
aucune notion de ce dont il s'agit. Qu'est-ce que tout
cela vient faire ? Qu'est-ce que tout cela signifie ? Où
tout cela veut-il mener ? – Impossible d'en rien savoir !
Impossible d'en pouvoir rien dire ! […]

Il y a là vraiment un cas pathologique, nettement
caractérisé. […]

Un monsieur a des insomnies. Il se retourne dans son
lit, il ressasse des impressions et des hallucinations
de demi-sommeil, dont certaines le reportent à des
difficultés de s'endormir, lorsqu'il était petit garçon,
dans sa chambre de la maison de campagne de sa
famille, à Combray. Dix-sept pages ! où l'on perd
pied… »

Extrait reproduit dans le recueil collectif *Les Critiques de notre temps et Proust*

Comme trop souvent, c'est l'orgueil et l'insolence de l'auteur qui vont le perdre. Estimant sans doute qu'il n'était pas suffisant de voir son texte refusé par un seul éditeur, Proust le soumet à la NRF (Nouvelle Revue Française), qui vient d'être fondée par Gaston Gallimard. Nouveau refus qui, loin de satisfaire son ego, l'incite à pousser le bouchon plus loin encore. « Voir mon texte refusé dans des conditions normales est trop facile, semble-t-il se dire. Je vais proposer de l'éditer à compte d'auteur, en prenant le risque financier à ma charge. Son refus n'en aura que plus de poids ! »

C'était sous-estimer la rapacité et l'incompétence des éditeurs dont on ne soulignera jamais assez la bassesse et la mesquinerie. Bernard Grasset accepte la proposition sans même avoir lu le texte[45] qui se retrouve en librairie et séduit, comble de malheur, une foule de lecteurs de plus en plus importante. Dès lors, pour l'auteur, la tentative d'échouer dans son entreprise va finir par prendre la forme d'un ratage complet : loué par la critique anglaise qui compare son travail à celui de Henri James (les Anglais sont décidément fourbes au-delà de toute expression), le texte sera récupéré par la NRF à compte d'éditeur avant que le prix Goncourt ne soit attribué à son deuxième tome *À l'ombre des jeunes filles en fleur*. Comme pour consacrer ce parcours lamentablement glorieux, le succès de *À la recherche du temps perdu* refuse de s'épuiser et lui confère, aujourd'hui encore, le statut d'œuvre majeure.

---

45   Cette anecdote est authentique. Bernard Grasset venait tout juste de monter sa société d'édition et se trouvait dans le besoin au point d'accepter sans condition l'offre généreuse que lui a faite Marcel Proust. Je ne doute pas que s'il avait soumis le texte à un comité de lecture, ce dernier l'aurait encouragé à le refuser.

Plus qu'aucun autre, cet exemple démontre qu'il n'est pas si facile de rater son coup quand on a la malchance d'avoir un peu de génie.

Quelle est l'erreur de Proust ? Qu'a-t-il fait qu'il aurait dû absolument éviter pour empêcher cette réussite douloureuse ? Il a pourtant pris soin de dépouiller son texte de toute tension dramatique, de le saupoudrer de plusieurs incohérences telles que des problèmes de chronologie et des anachronismes[46] ; Beaucoup de ses phrases sont bien trop longues pour être digestes, le récit est quasiment dépourvu d'action et les digressions sont si nombreuses qu'il a dû les emboîter les unes dans les autres pour parvenir à les loger. On se perd absolument dans ce récit interminable (plus de 3400 pages, dans les éditions au format poche !). On s'y englue si profondément que l'on finit par renoncer à regarder sa boussole. Et l'on s'y ennuie éperdument en constatant la lassitude que le narrateur éprouve lui-même, presque à chaque page, devant l'inanité de son existence :

> « Depuis quelque temps, les paroles de Bergotte, se disant convaincu que malgré ce que je prétendais, j'étais fait pour goûter surtout les plaisirs de l'intelligence, m'avaient rendu au sujet de ce que je pourrais faire plus tard une espérance que décevait chaque jour l'ennui que j'éprouvais à me mettre devant une table, à commencer une étude critique ou un roman. »
>
> Marcel Proust – *À l'ombre des jeunes filles en fleur* — Deuxième partie

Malgré tout, le texte a trop de qualités pour atteindre l'échec. Il est toujours facile, après coup, de refaire le match et de dire où le ballon aurait dû aller. Je n'ai donc pas de mérite à relever les erreurs suivantes :

---

46   À titre d'exemple, lors d'une promenade à cheval près de Balbec en 1900 (dans *Sodome et Gomorrhe*) le narrateur aperçoit un aéroplane volant le long de la côte. Or les aéroplanes capables de tels vols ne furent développés que bien après les vols des frères Wright, en 1903 aux États-Unis. Le même anachronisme figure dans *La Prisonnière*.

- **La conclusion est trop solide** : En intitulant son dernier volume « Le temps retrouvé », Proust propose au lecteur une conclusion que celui-ci n'attendait plus depuis longtemps (ce volume figure au-delà de la page 3000). Il y dénoue des intrigues bien trop maigres pour passionner qui que ce soit, mais il les dénoue tout de même et achève son récit par une double révélation (sur l'art et sur le temps) qui finit par donner à l'œuvre tout entière une apparence d'histoire. Pire encore, il fait état de la transformation que le temps a produit sur lui, achevant de conférer à son texte la structure essentielle qu'il n'aurait jamais dû respecter pour être absolument raté.

- **La prose est hypnotique** : Pour des raisons qu'il semble impossible d'analyser, Proust, malgré ses efforts manifestes, ne parvient jamais à endormir totalement son lecteur. Bien qu'assommé par le rythme indolent des phrases à la forme répétitive, bien que perdu dans un labyrinthe de pensées qui devrait l'emplir de panique à force d'être inextricable, celui-ci demeure dans une transe qu'aucun cahot ne vient troubler. Tout est luxe, calme et volupté. Tout glisse tranquillement, enfermant le lecteur dans un cocon douillet dont il n'a bientôt plus la force de se libérer. Ce n'est pas de la littérature, c'est de l'art vaudou, de la nécromancie, peut-être, tant la volonté propre du public est anéantie. Cet aspect du texte est beaucoup trop réussi pour lui permettre de finir à la poubelle.

- **Les dialogues sont réussis** : À la fois suffisamment naturels pour ne pas désengager le lecteur et raisonnablement condensés pour ne pas le lasser, ils parviennent à être remarquablement vivants et souvent amusants. Dommage ! Il y avait là une belle occasion de plomber le texte.

- **Le narrateur est attachant** : Il était pourtant très facile de faire rejeter l'œuvre sur ce motif. Proust nous enferme à double tour dans sa tête. Il lui aurait suffi de faire preuve d'un peu de fatuité, de mesquinerie, d'un orgueil imbécile ou d'une bêtise bienvenue dans certains points de vue subjectifs pour atteindre l'échec à coup sûr. Mais non ! Son texte est presque dépourvu de jugements, ou alors, ils sont bienveillants. Le narrateur s'interroge sans cesse, s'étonne, constate, se reprend, goûte, respire, s'éprend parfois, souffre, s'attriste, mais ne juge pas. Il ne nous offre aucun prétexte pour nous détacher de lui et le détester joyeusement. L'erreur est patente.

- **La thématique est irréprochable** : De quoi parle *À la recherche du temps perdu* ? Des tourments de son narrateur, de ses questions incessantes, de ce qu'il voit et de l'étonnement que cela suscite en lui, du goût d'une madeleine et de ses effets sur sa mémoire… Proust nous parle de Proust, sans jamais faire dévier sa trajectoire d'un fil. Certes, le sujet est a priori sans aucun intérêt et l'on ne peut que saluer son idée de l'avoir choisi pour rendre l'œuvre ennuyeuse. Le problème est que (sans doute par peur d'en aborder un autre qui aurait pu intéresser le lecteur) il s'y accroche comme une moule à son rocher. Il l'explore jusque dans ses recoins les plus insoupçonnables et il y déniche malencontreusement des mystères fascinants. Sa démarche, qui semblait parfaitement calculée pour faire de son travail un échec complet, aboutit au final à un chef-d'œuvre de pureté du point de vue de la cohérence de sa thématique. Une erreur difficilement pardonnable !

En résumé, on peut dire qu'en échouant pitoyablement dans sa tentative de rater son œuvre, Marcel Proust a bel et bien perdu son temps. Il a sans doute trop misé sur le conformisme et la bêtise de ses lecteurs, une erreur à ne jamais commettre.

Le cas Lewis Caroll

La tristesse qui nous émeut en analysant la réussite malencontreuse de *Alice au pays des merveilles* n'a rien à envier à celle qui colore le parcours de *À la recherche du temps perdu*.

Lewis Caroll n'a pourtant pas ménagé sa peine non plus, pour composer une histoire n'ayant ni queue (si ce n'est celle d'un lapin blanc aux yeux roses) ni tête (si ce n'est celle du chat de Cheshire qui flotte dans les airs). Les événements s'y succèdent sans aucune logique, faisant surgir une souris française (pourquoi française?), un champignon gravement hallucinogène, un bébé qui se transforme en cochon (et pourquoi pas en hippopotame?), une reine qui déteste les roses blanches, une fausse tortue (en quoi est-elle fausse, on ne le saura pas!), un griffon et tout un tas d'autres choses qui n'ont strictement pas de sens et s'enchaînent sans respecter le moindre semblant d'ordre.

En négligeant avec allégresse le besoin de causalité qui caractérise l'être humain, Caroll pensait s'en tirer à bon compte. Pour assurer son échec, il a cependant pris la précaution de traiter des thèmes disparates et inconciliables, tels que l'identité, le pouvoir, la justice et l'injustice, la maturité, la folie et le temps, par exemple.

Ces faibles mesures sous-estimaient, encore une fois, le côté retors des lecteurs qui se sont ingéniés à trouver de l'intérêt à d'autres aspects du texte. Lewis Caroll était anglais, un peuple que la nature a doté de bien pauvres moyens, comme chacun le sait. Cela explique sans doute pourquoi il n'arrive pas à la cheville de Proust en matière de ratage. Pour illustrer la naïveté de sa démarche et la grossièreté de ses erreurs, voici les plus flagrantes :

- **Un texte bourré d'humour** : Il fallait être anglais pour ne pas soupçonner les effets désastreux de l'humour sur le lecteur. On sait pourtant qu'il fait tout pardonner, dans la forme comme dans le fond. Même si l'on évite de se plonger dans sa langue barbare d'origine, qui multiplie les allusions poétiques et les jeux de mots aussi drôles qu'absurdes, on appréciera nombre d'entre eux qui ont passé la barrière de la traduction en respectable français. Mais Caroll n'a pas su limiter son humour à la forme. Il a parsemé son œuvre d'inventions cocasses telles que le non-anniversaire qui a lieu tous les jours de l'année, sauf le jour de l'anniversaire (dans *De l'autre côté du miroir* qui est la suite d'*Alice au pays des merveilles*). Il avait là, à coup sûr, de quoi faire échouer son entreprise.

- **Une exploration frénétique de la symbolique** : Sans attendre que Freud s'approprie péremptoirement le domaine de la symbolique, Caroll se base sur son érudition pour l'explorer de manière poétique. Une bougie symbolise la vie, les fréquents changements de taille d'Alice représentent sans doute son balancement entre l'enfance et la maturité, la reine de cœur illustre en synecdoque le monde adulte dans toute sa cruauté, parmi des dizaines d'autres (les clés, la nourriture, etc.) qui permettent d'interpréter le récit de multiples façons. Tout cela offre un jeu bien trop distrayant pour le lecteur.

- **Une forme qui respecte le schéma du monomythe** : Alice entre dans le terrier comme on entre dans une grotte. Son voyage l'amène à se soumettre à des épreuves qui éveilleront sa conscience. Elle reviendra dans le monde ordinaire pourvue d'une connaissance qu'elle invite sa sœur à partager. Tout est là ! Caroll aurait pu faire un petit effort pour échouer sur ce plan.

- **Des enjeux permanents** : Le lapin blanc, toujours en retard, qu'Alice tente désespérément de suivre, donne à cette histoire une allure de thriller palpitant bourré de tension dramatique. Un aspect qu'il fallait absolument éviter pour que le lecteur ne s'y implique pas.

Rien d'étonnant, donc, à ce que l'échec de Caroll se concrétise dès la parution de l'ouvrage par un immense succès. Le non-respect d'une thématique homogène et du principe de causalité ne suffisait pas à masquer les qualités bien trop évidentes de son œuvre.

Conclusion

Il ressort de mon étude de cas que l'échec ne vous sera garanti qu'à la condition de respecter strictement au moins quatre critères :

- Embrouillez vos thématiques au point qu'il n'en reste plus aucune d'identifiable ;
- Ne laissez pas traîner la moindre trace d'humour dans votre texte ;
- Ne construisez aucun enjeu, rien qui puisse faire naître une once de tension dramatique.

Je ne vous donnerai naturellement pas le quatrième critère, cela serait trop facile. Mais soyez vigilant ! En enfreignant une seule des règles ci-dessus, vous pourriez échouer, comme Proust et Caroll l'ont clairement démontré. J'espère de tout cœur que, grâce à ces humbles conseils, vous parviendrez à éviter de rater votre échec. Sinon, ce sera sans doute à cause du cinquième critère. Bon… allez, je vous le donne parce c'est vous : Ne faites preuve d'aucun talent dans quoi que ce soit. Et surtout pas de génie ! Cela pourrait vous faire réussir d'une façon absolument inattendue. Je vous aurai prévenu.

Le héros collectif

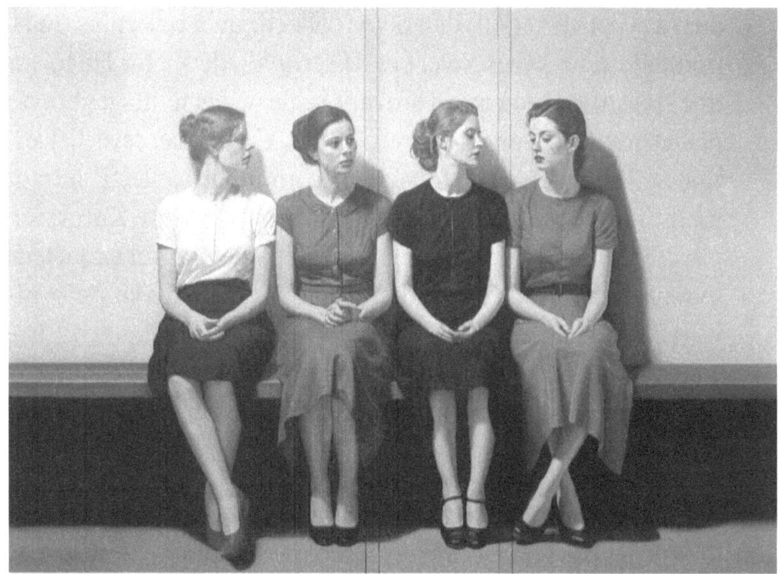

Il n'est pas exceptionnel que la figure du protagoniste principal (le héros) soit incarnée de façon collective par un groupe de personnages. Une situation qui ne doit pas être confondue avec celle des histoires dans lesquelles le héros ou l'héroïne se promène en permanence avec des aides (des adjuvants dans le schéma actanciel de Greimas).

- <u>Héros collectif</u> : Dans *La Communauté de l'Anneau* (*Le Seigneur des Anneaux* de J.R.R. Tolkien) : Frodon, Aragorn, Gandalf, Legolas, Gimli, Boromir, Sam, Merry et Pippin forment ensemble la Communauté de l'Anneau, un groupe disparate uni dans une quête épique. On peut qualifier ce groupe de héros collectif.

- <u>Adjuvant(s)</u> : Dans les aventures de *Sherlock Holmes* d'Arthur Conan Doyle, bien que le Dr Watson soit un compagnon constant de Sherlock Holmes, l'histoire ne les présente pas comme un groupe héroïque. Holmes est le détective principal, tandis que Watson joue un rôle de support.

- <u>Roman choral ou roman polyphonique</u> : Le principe du roman choral consiste à livrer les points de vue indépendants de plusieurs personnages à tour de rôle. Cette forme se prête aussi bien à la construction d'un héros collectif qu'à celle, plus traditionnelle, d'un héros isolé. *Les Misérables*, de Victor Hugo, est une fresque très fournie décrivant la vie de personnages broyés par la société (Jean Valjean, Cosette, Gavroche, Javert, Fantine, …) que l'on peut considérer comme un collectif luttant pour l'idéal de la justice. Dans *Rashōmon*, de Akira Kurosawa, par contre, plusieurs personnages interrogés par un enquêteur livrent des versions contradictoires d'un meurtre en poursuivant chacun un enjeu particulier. L'enjeu central, qui consiste à établir la vérité, est indiscutablement porté par l'enquêteur qui, même s'il est peu présent dans l'histoire, en est le protagoniste principal.

Un positionnement incertain sur ces sujets peut amener l'histoire à ne pas fonctionner correctement, comme c'est le cas, me semble-t-il, pour le dernier long métrage inspiré des *Trois Mousquetaires*, baptisé *Milady*[47].

Il est délicat de décider si *Les Trois Mousquetaires*, dans sa version originale écrite par Alexandre Dumas père, emploie la figure du héros collectif. Au début du récit, son héros central est indiscutablement le jeune D'Artagnan. Athos, Porthos et Aramis ne sont alors que des adjuvants qui, même s'ils sont dessinés avec précision, ne partagent pas l'enjeu principal consistant pour D'Artagnan à devenir mousquetaire du roi. Dans *Le problème du héros dans « Les Trois Mousquetaires »*[48], Roxane Petit-Rasselle relève clairement le défaut de construction de ce roman qui accorde une importance croissante au personnage d'Athos dans sa dernière partie, sans

---

47   *Milady* est sorti sur les écrans français en décembre 2023. Film réalisé par Martin Bourboulon sur un scénario de Alexandre de La Patellière et Matthieu Delaporte.

48   Article accessible en ligne ; https://www.academia.edu/10915917/ Le_probl%C3%A8me_du_h%C3%A9ros_dans_Les_Trois_ Mousquetaires_

parvenir à justifier cette évolution par la construction d'un véritable héros collectif capable d'intégrer harmonieusement tous les protagonistes. L'opposition à l'ennemi que représente Richelieu fait pourtant naître un enjeu commun, et la devise « Tous pour un, un pour tous » donne l'illusion d'une destinée partagée par les quatre mousquetaires. Le résultat est toutefois bancal et s'apparente à ce que l'on appelle un « roman choral », tout en manquant de clarté dans le positionnement et le chevauchement des différents enjeux. Mais nul n'est parfait, et ce défaut bien réel n'a pas empêché l'œuvre de connaître un immense succès.

Les Trois Mousquetaires : D'Artagnan, le premier volet du diptyque cinématographique de Martin Bourboulon, ne cherche apparemment pas à construire un héros collectif même si, comme dans l'œuvre originale, Athos, Porthos et Aramis confisquent une part importante du récit. Le film démarre sur le personnage de D'Artagnan qui occupe tout du long une place suffisamment centrale pour représenter l'axe de l'histoire. Les autres mousquetaires s'aligneront impeccablement sur sa mission officieuse consistant à retrouver les ferrets de la reine. L'enjeu principal (D'Artagnan veut devenir mousquetaire) est un peu noyé dans les péripéties, de sorte qu'en sortant de la salle, on ne sait pas bien s'il a été résolu. Mais l'histoire générale étant composée de deux films, on se dit qu'on y verra plus clair au suivant.

Le deuxième volet, *Milady*, oublie malheureusement la nécessité de centrer l'histoire sur un thème et un enjeu principal, quel qu'il soit. Tout d'abord, même si le personnage de Milady y figure souvent, on ne peut considérer que ce film raconte son histoire, faute d'avoir une idée précise de ses motivations, c'est-à-dire de son enjeu (sans enjeu, il n'y a pas d'histoire). Est-ce donc l'histoire d'Athos, dont l'enjeu consiste à retrouver son fils ? Est-ce celle de D'Artagnan qui veut retrouver Constance ? Celle de Gaston d'Orléans, le frère du roi, qui cherche à trahir ce dernier ? Ou bien est-ce l'histoire du collectif des mousquetaires s'engageant dans l'objectif de prendre La Rochelle ? Au risque d'être sévère, ce récit m'est apparu comme un plat de spaghettis sans sauce. La prise de La Rochelle, en tant que mission confiée à l'ensemble des mousquetaires, aurait pu sauver la mise, à condition que cet enjeu domine tous les autres et entraîne les personnages à agir de concert pour sa résolution. L'accueil critique de ce long-métrage accuse parfois un défaut dans sa réalisation, dans la chorégraphie de ses combats, dans l'exploration des personnages ou dans sa photographie (pourtant supérieure à celle de l'opus précédent). Il me semble qu'avec un scénario construit sur un enjeu central, on se serait contenté d'applaudir.

Revenons à la figure du héros collectif pour voir ce qui la caractérise :

- L'enjeu principal de l'histoire est partagé par tous les membres du collectif de la même façon et pour les mêmes raisons. Certains de ses membres peuvent poursuivre des enjeux individuels durant la phase de confrontation, mais ils seront toujours mineurs et temporaires. Dans l'idéal, ils seront tous résolus avant que ne se dénoue l'enjeu principal de l'histoire laissant ainsi l'esprit du public libre de se concentrer sur son sujet majeur.

     6. ANNEXES ET BONUS

- Si la transformation finale implique l'un des membres du collectif, elle implique l'ensemble des autres membres, exactement de la même façon et pour les mêmes raisons. Si la transformation concerne un tiers, ou concerne la société dans laquelle se déroule l'histoire, son impact sera exactement le même pour tous les membres du groupe.

Une autre façon de présenter les choses consiste à dire qu'une **destinée identique** est partagée par tous les membres du collectif, même si certaines péripéties ne concernent que certains d'entre eux, et même s'ils ne réagissent pas tous de la même façon aux événements qui surviennent pendant la phase de confrontation.

Pour essayer de clarifier encore les choses, quitte à faire un détour, je vais reproduire la définition du trouble dissociatif de l'identité, telle qu'elle figure sur le site psycomédia.qc.ca :

> « Le trouble dissociatif de l'identité (auparavant
> appelé personnalité multiple) est caractérisé par la
> présence de deux ou plusieurs identités ou "états de
> personnalité" distincts qui prennent tour à tour le
> contrôle du comportement de la personne… »

Voilà ce qui constitue, selon moi, un héros collectif. Il s'agit en réalité d'une seule et même personne sujette à un trouble dissociatif de l'identité, une forme particulière de schizophrénie. Ce que je veux dire par là, c'est que l'auteur qui choisit d'animer un collectif de héros doit le voir comme une seule identité qui s'incarne dans plusieurs corps. Ainsi, il aura bien l'assurance que les actions de tous les membres du collectif partagent un enjeu principal, une transformation et une destinée uniques. Certains des membres pourront être porteurs du **désir** tandis que d'autres incarneront les **faiblesses**, mais ils partageront tous le même **besoin**, dont la satisfaction aura lieu au moment de la transformation finale.

La relecture par des tiers

Faire relire son scénario, sa pièce ou son manuscrit de roman par des tiers est souvent indispensable pour en relever des défauts que l'auteur, trop immergé dans sa création, ne parvient pas à déceler.

Beaucoup rechignent pourtant à faire appel aux bêta-lecteurs sous différents prétextes :

- Je ne connais personne de compétent.
- Mes amis me disent toujours que c'est génial. Ils n'osent pas émettre de critiques.
- J'ai honte de le faire lire à mes proches.
- Etc.

Aucun de ces arguments n'est bien solide. On peut trouver des bêta-lecteurs partout : votre garagiste, votre boucher, la caissière du supermarché ou vos collègues de bureau sont peut-être des lecteurs passionnés à même de vous délivrer un avis intéressant. En les sollicitant, vous serez étonné de constater avec quelle bonne volonté ils peuvent se prêter au jeu, et avec quel talent ils sont souvent capables de le faire. La plupart des gens se montrent flattés qu'on fasse appel à eux pour ce genre de service.

La véritable difficulté consiste à obtenir un avis suffisamment détaillé et objectif pour en retirer quelque chose d'utile. La façon dont vous exprimez votre demande initiale et l'attitude que vous adopterez au moment de la réception de l'avis sont essentiels. Expliquez que vous recherchez avant tout des critiques, et non des compliments. Et, au moment de la réception, taisez-vous, ne vous défendez pas et laissez votre interlocuteur entièrement libre de s'exprimer, même si ce qu'il dit ne vous semble pas juste. En croisant plusieurs avis obtenus de cette façon, vous vous ferez une idée raisonnablement juste de l'impact que votre travail pourra avoir sur un éditeur, un producteur, ou le public.

Lorsqu'un passage est particulièrement réussi, même s'il contient certaines faiblesses, la plupart des lecteurs seront trop engagés dans la lecture pour s'arrêter dessus et vous les faire remarquer. Inversement, s'ils prennent le temps de formuler une critique, vous pouvez en déduire qu'ils ne sont pas happés par le passage concerné. Ce qu'ils vous diront ne sera pas forcément juste, mais le fait qu'ils aient quelque chose à dire est significatif.

Exigez un retour écrit. Partez du principe que plus une critique est justifiée, plus elle est douloureuse à entendre. S'arranger pour ne pas la comprendre ou l'oublier aussitôt entendue sont les moyens les plus simples de s'en protéger. Une critique rédigée pourra être relue à plusieurs reprises et vous constaterez que cela est bien souvent indispensable pour vous permettre de l'intégrer.

Mon expérience m'a montré qu'il est très utile de fournir une grille de critères critiques à passer en revue. N'ayant pas trouvé de liste de ce genre sur Internet, j'ai composé la mienne que je vous propose ci-dessous. Elle est conçue pour des manuscrits de romans, mais vous pourrez sans doute l'adapter sans difficulté à d'autres formes d'œuvres :

Style d'écriture

- Le style d'écriture est-il cohérent tout au long du texte, ou y a-t-il des variations qui pourraient affecter la fluidité de la lecture ?
- Les métaphores et les images utilisées sont-elles pertinentes et enrichissent-elles la compréhension du lecteur ?
- La langue utilisée est-elle adaptée au ton du récit et au public cible ?

Structure narrative

- La structure narrative (linéaire, non linéaire, flash-back, etc.) est-elle appropriée pour le récit ? Contribue-t-elle à la compréhension ou au rythme de l'histoire ?
- Les transitions entre les chapitres et les scènes sont-elles fluides, ou y a-t-il des moments de confusion ou de rupture narrative ?

Rythme narratif

- L'alternance entre les scènes d'action et les descriptions est-elle équilibrée pour maintenir l'intérêt du lecteur ? L'alternance entre les dialogues et les scènes sans dialogues est-elle satisfaisante ?
- L'organisation des événements et des chapitres contribue-t-elle à la fluidité narrative ou est-elle source de confusion ?

Tonalité et atmosphère

- La tonalité générale du texte correspond-elle à l'atmosphère souhaitée ? Y a-t-il des moments où la tonalité semble incohérente avec le reste du récit ?
- Les descriptions contribuent-elles à créer une atmosphère immersive, ou sont-elles parfois en décalage avec l'ambiance recherchée ?

Réception du lecteur

- À qui s'adresse principalement le livre ? Le texte atteint-il ses objectifs pour ce public cible ?
- Comment le texte pourrait-il davantage susciter l'intérêt du lecteur-cible dès les premières pages ?

Personnages

- Les personnages évitent-ils les clichés ?
- Sont-ils introduits de manière détaillée, mais concise ? Leurs motivations sont-elles claires et compréhensibles ?
- Les relations entre les personnages sont-elles bien développées et contribuent-elles à l'intrigue ? Les arcs narratifs des personnages sont-ils logiques et bien intégrés ?

Dialogues

- Les dialogues sonnent-ils de façon naturelle et authentique pour chaque personnage ?
- Les dialogues sont-ils utilisés efficacement pour développer les personnages, faire avancer l'intrigue, ou fournir des informations pertinentes ?
- Certains dialogues mériteraient-ils d'être transformés en scènes sans dialogues ou inversement ?

Utilisation des points de vue

- Le choix des points de vue (première personne, troisième personne, etc.) est-il approprié pour le récit ?
- La narration à partir de différents points de vue contribue-t-elle à la richesse de l'histoire, ou cela crée-t-il de la confusion ?

Enjeux

- Les enjeux de l'intrigue sont-ils suffisamment (et clairement) présentés pour captiver le lecteur ?
- Les enjeux sont-ils suffisamment importants pour impliquer le lecteur ?
- La résolution des enjeux est-elle satisfaisante ?

Descriptions

- Les descriptions sont-elles utilisées de manière équilibrée pour immerger le lecteur dans le contexte du récit ? Sont-elles originales sans être excessives ?
- Les descriptions des personnages, des lieux et des événements sont-elles évocatrices et contribuent-elles à l'atmosphère générale du récit ?

Principe de transformation

- La transformation des personnages et du contexte est-elle suffisamment explorée et développée tout au long du récit ?
- Le personnage principal est-il véritablement transformé par son parcours ?
- Le lecteur sort-il transformé de sa lecture ?

Symbolique

- Les symboliques évoquées (l'eau, la terre, le feu, le temps, la lumière, par exemple) sont-elles cohérentes et bien intégrées dans le récit ? Apportent-elles une valeur significative à l'histoire ?

Analyse par scènes

- Y a-t-il des digressions qui pourraient être éliminées pour maintenir la cohérence narrative ? Des passages faibles ou artificiels peuvent-ils être améliorés ou éliminés ?
- Les scènes les plus fortes contribuent-elles à la structure globale du récit ? Quelles sont-elles ?
- Comment l'incipit et la fin pourraient-ils être renforcés pour captiver davantage le lecteur et conclure de manière puissante ?

Are you talking to me?[49]

J'ai conscience de m'avancer sur un terrain délicat en abordant la question des différentes catégories dont se compose le public et des divers besoins auxquels les œuvres de fiction doivent répondre. Certaines d'entre elles, usant de références et d'un vocabulaire étendu, jouant habilement avec les conventions narratives, investissant sur l'intelligence et les capacités d'imagination de leurs destinataires se voient plébiscitées par les critiques et les franges les plus éduquées de la population tout en peinant souvent à convaincre le plus grand nombre. D'autres atteignent un succès public considérable, bien qu'elles soient affublées des qualificatifs de « romans de gare », « sous-littérature », ou du très péjoratif *mainstream* pour le cinéma.

Il est tentant d'en conclure qu'il faut écrire pour les imbéciles lorsque l'on souhaite le succès, ou bien que les œuvres populaires sont inévitablement sans intérêt. Il arrive pourtant à chacun d'entre nous, quel que soit notre niveau de réflexion et de formation, de rechercher une distraction sans conséquence dans certaines des œuvres que nous choisissons de « consommer », et une source raffinée de méditation et d'inspiration dans d'autres.

---

49   *Are you talking to me?* est une réplique culte de Robert de Niro dans le film *Taxi Driver* de Martin Scorsese.

Par ailleurs, même si la bien-pensance nous invite à nier les différences de niveaux culturels ou de compétences intellectuelles au sein de la population, on ne peut pas pousser l'aveuglement jusqu'à concevoir une œuvre destinée au très jeune public, par exemple, avec les mêmes critères qu'une autre, destinée aux milieux universitaires ou aux adultes des catégories sociales dites « supérieures », dont les statistiques nous rappellent régulièrement (et très cruellement) qu'ils sont pourvus d'un bagage culturel plus important que les autres.

Les choses se compliquent pour un éditeur tel que moi, lorsque j'arrive à la constatation qu'un auteur, visant de toute évidence une certaine forme de prestige, investit la majorité de ses efforts dans l'emploi d'un vocabulaire si sophistiqué qu'il échoue lui-même à le maîtriser, ou dans des constructions intellectuelles à ce point alambiquées qu'elles occupent l'essentiel du récit, au détriment de sa capacité à émouvoir ; tandis que d'autres, sans doute obsédés par l'objectif d'être accessibles au plus grand nombre, explicitent leurs situations et leurs interprétations au point de ne plus laisser la moindre place à l'intelligence du lecteur. Ou pire encore, multiplient allègrement les clichés, les incohérences et les dénouements improbables, apparemment convaincus que le public n'y verra que du feu.

Mon idée n'est pas de jeter la pierre aux uns ou aux autres, tant l'équilibre entre ces deux tendances est délicat à trouver, et tant il est difficile de concevoir une œuvre pour un large public dont une part sera inévitablement « autre » que soi-même. Je voudrais seulement creuser le mystère de ces œuvres dont l'abord et la construction remarquablement simples n'ont pas empêché leurs auteurs d'explorer des profondeurs spectaculaires, par leurs thèmes ou leur finesse de traitement. Je pense, par exemple, à tous les romans de Steinbeck, au *Journal d'Anne Franck*, à *La Vie devant soi* de Romain Gary, ou à *La Nuit étoilée* de Jimmy Liao.

Il me semble que les auteurs de ces merveilles n'ont jamais sacrifié leurs âmes pour atteindre le succès, bien au contraire.

     6. Annexes et bonus

Toute posture est nuisible à l'auteur

L'auteur doit jouer avec ses propres forces, ses propres talents et ses propres compétences. Si vous pensez qu'une histoire doit être triste pour connaître le succès et que vous vous forcez à écrire quelque chose de ce genre sans en être un fervent amateur, vous vous condamnez sans doute à l'échec, tout comme Proust se serait très certainement engagé dans une impasse en décidant d'écrire un roman d'aventures. Le même danger vous guette si vous estimez qu'il faut nécessairement adopter un style précieux ou dépouillé, vous interdire ou vous obliger à intégrer du sexe ou de la violence dans vos récits, choisir un thème à la mode ou n'importe quelle autre contrainte qui ne vous serait pas entièrement naturelle.

En bref, tout ce qui s'apparente à une posture, tout ce qui peut vous amener à vous glisser dans la peau d'un auteur que *vous n'êtes pas* représentera un handicap, et nullement un atout.

> « Chaque fois que vous utiliserez une technique pour satisfaire les désirs hypothétiques d'un lecteur imaginaire (plus de sexe, de sentiments ou d'action), votre histoire mourra un peu, deviendra un peu plus un mensonge et un peu moins la réalité. Pour chaque lecteur que vous parviendrez à flatter de cette façon, vous en perdrez des dizaines d'autres, qui auront perçu la fausseté de vos propos. »
>
> Orson Scott Card – *Personnages et point de vue*

J'ajoute qu'il est très possible que vous ne soyez pas taillé pour être un auteur à succès. Ne rejetez pas cette hypothèse d'emblée, aussi contrariante qu'elle puisse être pour vous.

Je l'envisage en ce qui me concerne car, bien qu'ayant développé des réflexions portant sur les techniques de narration et travaillé la maîtrise du style, bien qu'ayant accumulé des milliers de lectures et de visionnages de films pour en intégrer jusqu'aux règles les plus subtiles, je n'ai encore signé aucune œuvre de fiction à grand succès. J'écris pourtant des fictions à mes heures perdues, trouvant dans cet exercice un plaisir qui ne cesse de croître au fil des ans.

J'explore, encore et encore, les formes d'expression dans lesquelles je me sens à l'aise, espérant découvrir un jour la façon de rendre universel ce que j'ai d'unique. Une démarche qui peut m'amener, à titre d'entraînement, sur les terrains de la parodie où je m'amuse beaucoup, ou sur ceux de l'imitation la plus humble, en certaines occasions. Même dans ce dernier cas, j'essaye de préserver mon plaisir, de jouer avec le cadre que je me suis imposé, et de m'incarner dans mes textes.

Il est toutefois envisageable que ma personnalité ne contienne pas les aspérités ou l'originalité qui caractérise les grands auteurs. Il est possible qu'aucune de mes œuvres ne présente jamais d'intérêt particulier. Il est également possible que ce soit le cas pour vous. Est-ce vraiment important ? J'ai survécu, pour le moment, à cette situation et, si vous me lisez, c'est que vous avez survécu à la vôtre, quelle qu'elle soit.

La sagesse nous invite à accepter ce qu'il advient de nos productions, plutôt que de perdre notre temps à le refuser. Du temps, nous en avons besoin pour écrire d'autres textes qui connaîtront peut-être une meilleure trajectoire si nous y insufflons davantage de nous-mêmes. Comprendre et respecter les attentes du public est une chose, y perdre son âme en est une autre.

Jouons sur nos points forts, et advienne que pourra !

Employons le style et le ton que nous maîtrisons le mieux. Choisissons des sujets qui nous concernent ou nous interpellent, construisons des personnages que nous sommes capables d'incarner jusque dans leurs recoins les plus inavouables. Soyons sombres et scandaleux si cela nous correspond, soyons drôles et légers si c'est ce qui nous convient, usons et abusons de toutes les libertés que l'art nous autorise à prendre, plutôt que de tenter de reproduire ce qui nous apparaît comme la clé du succès d'un autre.

En visant la sincérité, il reste absolument possible que nos productions ne séduisent jamais que les gens de notre entourage. Mais notre investissement nous aura tout de même apporté une meilleure connaissance de nous-même. Si cet objectif perd de son sens à nos yeux, l'écriture ne sera plus qu'une distraction futile.

Respectez le public ciblé

Simplicité ne rime pas nécessairement avec stupidité, tout comme intelligence ne rime pas avec complexité. Si l'approche de certains publics semble imposer une relative simplicité (dans le vocabulaire, par exemple, pour les œuvres qui visent un public jeune), l'auteur devra se demander comment atteindre une forme esthétique sophistiquée en se pliant à cette contrainte, plutôt que de considérer l'exercice comme impossible, et d'y renoncer. Le public mérite toujours notre respect, quels que soient son âge et sa catégorie. Et si nous pouvons lui faire confiance sur une chose, c'est qu'il percevra nos insuffisances et/ou notre manque d'investissement, quel que soit son niveau d'expérience en matière culturelle.

Pour viser large, comme toujours, la règle principale consiste à comprendre les attentes propres aux destinataires de l'œuvre, avant d'y répondre ou de les défier. Même si vous vous lancez dans l'écriture d'une œuvre de *fantasy* ou dans une romance, des genres très codifiés et «grand public», votre capacité à surprendre et à dépoussiérer les clichés les plus communs sera essentielle. D'une façon générale, plus votre cible est éloignée de vous, plus vous devrez investir d'énergie pour vous assurer que vous maîtrisez et que vous tenez compte de ce qui la distingue.

Visez large

Pour élargir le potentiel de votre œuvre ou viser une cible dont vous ne maîtrisez pas nécessairement tous les codes, vous pourriez vous appliquer à :

- <u>Instaurer plusieurs niveaux de lecture</u> : Le succès de beaucoup d'œuvres consacrées à la jeunesse, telles que *Le Petit Prince* ou *Alice au pays des merveilles* repose en bonne partie sur leur capacité à émouvoir, à amuser ou à faire réfléchir les adultes sans que les stratégies élaborées dans ce but ne représentent une gêne pour le jeune public qui ne pourra pas toutes les apprécier. Ce dispositif implique une grande finesse afin d'user, par exemple, du double sens ou du triple sens. Les constructions basées sur la symbolique permettent notamment des interprétations multiples et dégagent une forme de poésie raisonnablement universelle. L'absurde, abondamment employé dans *Alice au pays des merveilles*, apporte à cette œuvre beaucoup d'aspects cocasses et ouvre également la voie à des interprétations variées.

- <u>Jouer sur l'humour ou l'ironie</u> : On dit que le rire est le propre de l'homme. De la femme aussi, paraît-il. À moins que votre histoire ne s'adresse à d'autres espèces, n'hésitez pas en user. Un très grand nombre d'œuvres pour enfants, ou visant un très large public doivent leur succès à l'ironie (grinçante ou tendre), à la dérision, la caricature, la satire, la farce, les jeux de mots, les malentendus, le comique de répétition ou de situation. Toutes ces formes d'humour sont universelles et s'avèrent donc en mesure de toucher l'ensemble des publics. Seule la parodie fait appel à des connaissances préexistantes et risque de tomber à plat si les destinataires de l'œuvre ne les possèdent pas.

- <u>Jouer sur le mystère</u> : Beaucoup de genres très populaires tels que le policier, le thriller, mais aussi les bandes dessinées, films et romans d'aventures jouent essentiellement du mystère et de l'énigme pour capter l'intérêt du public. On trouve également ces éléments dans les œuvres fantastiques, la science-fiction ou le drame familial, par exemple. Percer un mystère ou résoudre une énigme peut présenter un aspect ludique tout en servant d'appui à la construction d'une tension dramatique puissante, lorsqu'un enjeu majeur leur est associé. L'expérience démontre que toutes les franges de population y sont sensibles. Si vous estimez nécessaire de simplifier la nature des énigmes déployées dans vos histoires, afin de vous assurer qu'elles intéressent un public très large, associez-les à des enjeux dramatiques importants pour renforcer leur potentiel émotif.

- <u>Jouer sur l'ambiguïté</u> : L'âge, l'origine ou le niveau culturel n'ont pas de rapport avec la capacité du public à percevoir la complexité du monde., et s'il est un domaine où il n'y aucune raison valable de simplifier les choses, c'est bien dans la représentation qu'en propose l'auteur. Si personne ne vous reprochera de poser un enjeu clair et dépouillé, vous insulteriez votre public en l'estimant incapable d'appréhender des situations et des personnages ambigus, dont il est impossible d'anticiper l'évolution.

      6. ANNEXES ET BONUS

- <u>Jouer sur l'appel des sens</u> : Tous les humains, ou presque, sont pourvus d'une variété de sens qui dépasse la seule vision. En prenant en compte l'odorat, le goût et le toucher dans vos descriptions et dans les ressentis des personnages, vous doterez votre texte d'un potentiel émotif universel. L'important est de ne pas confondre sensualité et sensiblerie. Ce que vous exprimerez doit être exclusivement vôtre. Par maints aspects, votre corps doit être impliqué dans votre travail d'écriture.

- <u>Fuir les clichés et les références</u> : Tout ce que vous emprunterez aux œuvres que vous connaissez risquera de paraître étranger aux publics qui n'ont pas votre âge, n'appartiennent pas à votre milieu ou n'ont pas connu votre parcours. Le meilleur moyen de toucher l'universalité consiste probablement à explorer votre humanité dans ce qu'elle a de plus naturel et de plus commun. Cette démarche implique de viser le vrai, le vécu, le ressenti, et de fuir les clichés comme la peste. Gardez également à l'esprit le fait que votre interprétation du monde et de son évolution est très largement conditionnée par votre éducation et votre milieu social. Si vous souhaitez en faire part au public, laissez-lui toujours la possibilité d'envisager et de juger les choses d'une façon qui lui appartiendra.

Table des matières

Découvrez les autres ouvrages
de notre catalogue !

http://www.editions-humanis.com

Luc Deborde
Éditions Humanis
40, rue du Parc,
94140 Alfortville
France

Mail : luc@editions-humanis.com